中国保理产业发展报告
（2019—2020）

中国银行业协会保理专业委员会　编著

中国金融出版社

责任编辑：张怡姮
责任校对：李俊英
责任印制：程　颖

图书在版编目（CIP）数据

中国保理产业发展报告（2019—2020）/中国银行业协会保理专业委员会编著. —北京：中国金融出版社，2021.3
ISBN 978－7－5220－1070－0

Ⅰ.①中…　Ⅱ.①中…　Ⅲ.①国际保险—理赔—研究报告—中国—2019—2020 Ⅳ.①F842.685

中国版本图书馆CIP数据核字（2021）第040496号

中国保理产业发展报告（2019—2020）
ZHONGGUO BAOLI CHANYE FAZHAN BAOGAO（2019—2020）

出版发行　中国金融出版社
社址　北京市丰台区益泽路2号
市场开发部　（010）66024766，63805472，63439533（传真）
网 上 书 店　http://www.cfph.cn
（010）66024766，63372837（传真）
读者服务部　（010）66070833，62568380
邮编　100071
经销　新华书店
印刷　北京侨友印刷有限公司
装订　保利达印务有限公司
尺寸　169毫米×239毫米
印张　10.25
字数　125千
版次　2021年3月第1版
印次　2021年3月第1次印刷
定价　56.00元
ISBN 978－7－5220－1070－0
如出现印装错误本社负责调换　联系电话（010）63263947

中国保理产业发展报告

(2019—2020)

编委会名单

中国保理产业发展报告（2019—2020）

序言

2019年以来世界经济增长缓慢、国际经贸摩擦加剧，国内经济面临下行压力及诸多困难与挑战。2020年新冠肺炎疫情的暴发进一步加剧了世界经济的衰退，并使国际贸易环境进一步恶化，保理业务面临前所未有的严峻挑战。根据国际保理商联合会（FCI）统计数据，2019年全球保理业务量为2.92万亿欧元，同比增长5.42%；但受欧元贬值影响，2019年全球保理业务量折合约3.27万亿美元，同比减少0.8%。其中，国内保理业务量占比为81.4%，国际保理占比18.6%，国际保理业务量占比连续四年收窄。全球保理业务对GDP的渗透率为3.74%，同比下降0.1个百分点。自2016年起，国际保理增长缓慢，国内保理成为了近年来全球保理业务增长的主要推动力。从总量上看，全球保理业务与世界进出口总量变化趋势基本一致。2019年，二者趋势出现分化，国际贸易对保理业务的影响减弱。2019年中国银行业保理业务量取得正增长，其中增长的绝对主力是国内保理，国际保理则降幅较大。据中国银行业协会保理专业委员会统计数据显示，2019年保理专业委员会全体成员单位保理业务量为1.75万亿元人民币，同比增长5.37%。其中国际保理业务量为264.76亿美元，同比下降24.15%。

从单一市场来看，虽然中国保理业务减少了2.0%，但仍以近14%的市场份额连续第三年成为全球保理业务量最大的国家。

2019—2020年，中国保理行业仍保持较快、稳健增长，银行保理与商业保理相辅相成、相得益彰，共同推动供应链、产业链顺畅运行，破解中小企业融资难题，改善商业信用环境，助推实体经济转型升级。同时，国家出台一系列政策举措，健全保理行业法律监管体系，优化运营环境，为保理业务扬帆远航提供坚实的制度保障。为了促进保理行业的有序发展，作为银行自律机制的倡导者，中国银行业协会保理业务专业委员会自2013年起组织编写《中国保理行业发展报告》（以下简称《报告》），如今已是第八个年头。本次《报告》由保理专业委员会的行业专家共同编写完成，从中国银行保理发展现状、中国商业保理的业务情况及中国保理行业大事记等章节，结合保理业务面临的挑战、机遇及发展的市场环境、政策和法律环境等多方面分析我国保理发展的趋势与特点。

与往年相比，本次《报告》呈现出以下三个特点：

一是根据国内外经济走势及重大事件（疫情影响）的发生结合保理业务本身数据对国内外保理业务的发展进行分析与预测。在国际贸易环境恶化，全球化经营风险增加，世界生产和消费逐渐倾向内循环的趋势下，结合我国改革完善外部政策环境和激励约束机制，加强中、小微企业信用体系建设及支持供应链产业链稳定循环和优化升级的政策，努力实现保理业务品种优化与创新，更好地实现为供应链上下游链条企业提供融资、结算、账户管理等一揽子综合金融服务。

二是收录了政府及监管部门颁布一系列与保理业务有关的法律、法规，如中国银保监会于2019年10月发布的《关于加强商业保理企业监督管理的通知》，中国人民银行于2019年11月发布的《应收账款质押登记办法》，商务部等8部门于2020年4月联合印发的《关于进一步做好供应链创新与应用试点工作的通知》，十三届全国人大第三次会议于2020年5月28日审议表决通过的自2021年1月1日起施行《中华人民共和国民法典》，为保理业务的未来发展明确了方向并提供实际操作准则与法律依据。

三是收取了年度行业大事记，涵盖国内外行业组织及保理机构发生的关键性事件及重大行业技术变革，为监管机构和从业人员全面了解行业发展状况提供了有价值的参考。

《报告》呈现了中国保理行业“机遇与挑战并存”的发展现状。一方面，受新冠肺炎疫情影响，世界经济陷入衰退，国际贸易环境进一步恶化，保理业务面临前所未有的严峻挑战；另一方面，国家出台一系列政策举措，健全保理行业法律监管体系，优化运营环境，为保理业务扬帆远航提供坚实的制度保障，促进了保理行业的有序发展。此外，《报告》还探讨了金融科技在保理行业的创新应用。通过人工智能、区块链、云计算、大数据等技术在行业的应用实践，不仅解决了业务真实性、贸易背景溯源等困扰行业发展的突出问题，同时提升了业务自动化处理效率，极大地优化了客户体验。

虽然当前中国经济发展仍面临着许多新问题、新挑战，围绕中央经济工作会议提出的坚持以供给侧结构性改革为主线，扩大进出口贸易，推动出口市场多元化，进一步做好“六稳”等多方面要求。保理行业在努力克服各种困难、紧跟国家政策导向，积极创新、努力完善，为自身的发展及服务于实体经济做出更大贡献。

中信银行副行长

中国保理产业发展报告
(2019—2020)
前言

2019年，在全球经贸整体放缓的背景下，中国外贸逆势增长，实现稳中提质，高质量的发展取得新成效。2020年以来，在新冠肺炎疫情蔓延全球、国际市场需求大幅下降的背景下，世界经济衰退风险上升，产业链供应链循环受阻，国际贸易投资萎靡。随着国内疫情影响逐步缓解，我国的经济生产活动逐步恢复正常。与此相对应，国内保理业务成为了近年来保理业务增长的主要推动力，保理业务结构更加偏向国内业务。从单一市场来看，中国保理业务量减少了2.0%。虽然中国市场表现欠佳，但仍以超过4 000亿欧元的体量成为全球最大的保理市场。

2020年，国际贸易对保理业务的影响呈减弱趋势。对于中国保理行业而言，依然是机遇与挑战并存的一年。尽管受到全球经济下行及贸易摩擦加剧的不利因素影响，中国保理业务仍保持了稳定发展，总量达4 116亿欧元，占全球的15%，亚太的60%，继2017年之后再次成为全球保理业务量最大的国家。其中，银行保理业务量小幅收缩，中资银行保持市场优势，积极围绕出口企业开展以融资为主导的银行保理业务；商业保理发展良好，融资总额、公司注册数量均有较大增长。行业新业态、新模式不断涌现，加速转化为行业发展新动能。

为了更为全面地记录行业现状，展示行业风采，促进行业健康发展，我们编撰出版了《中国保理产业发展报告（2019—2020）》

（以下简称《报告》）。《报告》从经济、法规、政策、产品创新等多个方面对本年度行业发展情况进行了总结，并抓住金融科技助力行业发展、产品创新延展等几个热点进行深入探讨。今年的《报告》分为主体和附录两个部分。各章主要内容概述如下：

第一章介绍全球保理发展情况和全球保理行业大事记；第二章和第三章则对中国保理发展情况进行详细分析，整理并讨论行业发展情况及痛点；第四章重点介绍三个保理产品的创新及延展；第五章关注金融科技在行业中的应用，介绍了发展现状、发展面临的困境及下一步发展方向；第六章对保理业务风险类型和管控要点进行总结，同时列举了近年来典型司法案例进行分析；第七章根据经济形势和最新政策导向对行业的下一步发展做出建议和展望。

在中国银行业协会保理专业委员会的指导下，中信银行牵头，各家常委单位通力协作、密切配合，共同完成了报告的撰写工作，撰写分工情况如下：

第一章由中国建设银行牵头、中国光大银行配合；第二章由交通银行牵头、招商银行、中国邮政储蓄银行配合；第三章由中国银行牵头、中国邮政储蓄银行、中国农业银行、平安银行配合；第四章由中国民生银行牵头、中信银行、中国邮政储蓄银行配合；第五章由汇丰银行负责、北京银行配合；第六章由浦发银行牵头、国家开发银行配合；第七章由中国工商银行负责。

在此，我们向长期以来给予我们指导和帮助的中国银行保险监督管理委员会、中国银行业协会以及积极参与此次报告撰写工作的各家常委单位致以诚挚的感谢！

在国家要求大力发展普惠金融，支持实体经济的大背景下，相信中国保理行业能够通过深化改革，不断创新，积极支持实体经济与中小企业发展，固本强基、行稳致远。

中国银行业协会保理专业委员会

中国保理产业发展报告

(2019—2020)

目录

第一章 2019—2020 年全球保理业务发展情况

本章概要：2019 年全球保理业务发展整体平稳，对 GDP 渗透率较上年下降 0.1 个百分点。从地区上看，欧洲继续保持全球最大保理市场地位；从单一国家来看，中国连续第三年成为全球保理业务量最大的国家。国际保理业务量占比继续收窄，保理产品结构发生显著变化，有追索权保理占比大幅下降，无追索权保理占比明显上升。2020 年上半年，受新冠肺炎疫情影响，世界经济陷入衰退，国际贸易环境进一步恶化，保理业务面临前所未有的严峻挑战。

第一节　全球保理行业概述

一、全球保理发展平稳，对 GDP 渗透率小幅下降

2019 年全球经济小幅增长，发展动能进一步减弱，各经济体发展加速分化，受国际单边主义和全球经济结构性摩擦影响，世界经济持续减速。2019 年全球 GDP 总量为 87.75 万亿美元，同比增长 1.55%。根据国际保理商联合会（以下简称 FCI）统计，2019 年全球保理业务量为 2.92 万亿欧元，同比增长 5.42%；但受欧元贬值影响，2019 年全球保理业务量折合约 3.27 万亿美元，同比减少 0.8%。其中，国内保理业务量占比为 81.4%，国际保理占比 18.6%，国际保理

业务量占比连续四年收窄。全球保理业务对 GDP 的渗透率为 3.74%，同比下降 0.1 个百分点。

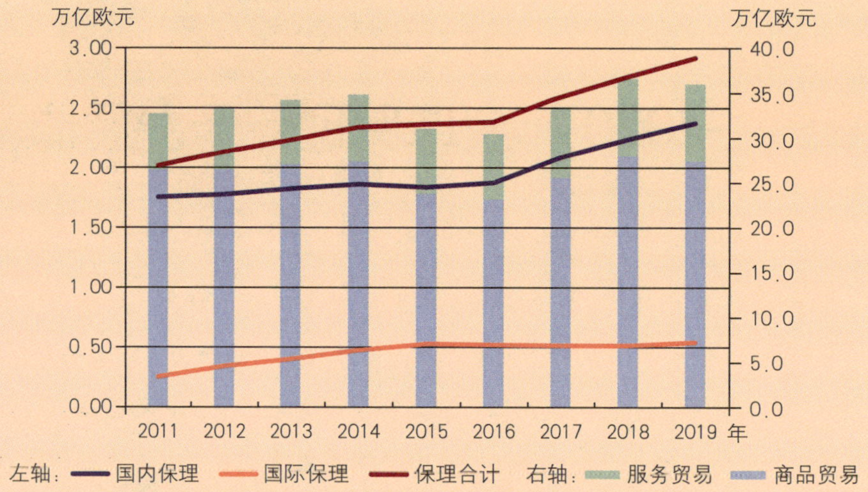

图 1-1　2011—2019 年全球保理业务量和进出口总量情况

（数据来源：FCI，WTO，IMF）

继 2011—2014 年后，全球保理业务在 2016—2019 年再次迎来了连续增长期。但从业务结构上看，这两次增长的主要推动力不尽相同。2011—2014 年，国际贸易往来更加紧密，国际保理业务量快速增长，推动了全球保理业务的发展。2016—2019 年，国际保理增长缓慢，国内保理成为了近年全球保理业务增长的主要推动力。从总量上看，全球保理业务与世界进出口总量变化趋势基本一致，但在 2019 年，二者趋势出现分化，表明保理业务结构更加偏向国内业务，国际贸易对保理业务的影响减弱。主要原因可能是国际贸易环境恶化，全球化经营风险增加，世界生产和消费逐渐倾向内循环。

从地区上看，2019 年不同地区保理业务发展差异较为明显。其中，得益于域内主要国家阿联酋的快速增长，中东地区连续两年保持两位数以上的增长速度，涨幅达 12.4%。欧洲地区继续保持全球最大保理市场地位，业务量同比增长 8.0%。由于智利和秘鲁的拉动，南美地区业务量同比增长 8.9%。非洲地区也一扫 2018 年颓势，实现了 10.8% 的快速增长。亚太地区和北美地区则分别因为域内主要国家中国和美国的业务量下滑，同比出现负增长。

从单一市场来看，虽然中国保理业务减少了 2.0%，但仍以近 14% 的市场份额连续第三年成为全球保理业务量最大的国家。全球保理业务量排名前五的国家未发生变化，但意大利被德国超越，退居第五位。

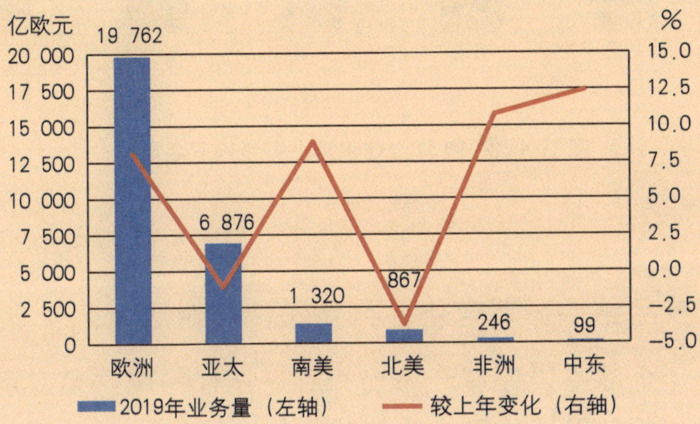

图 1-2 2019 年全球各洲保理业务量及增长率

（数据来源：FCI）

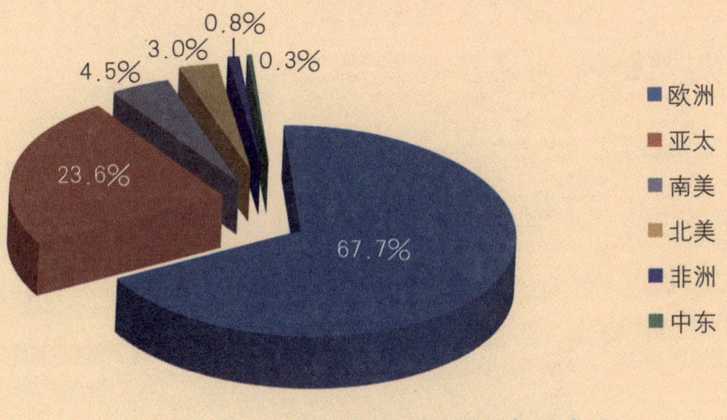

图 1-3 2019 年全球各洲保理业务量占比

（数据来源：FCI）

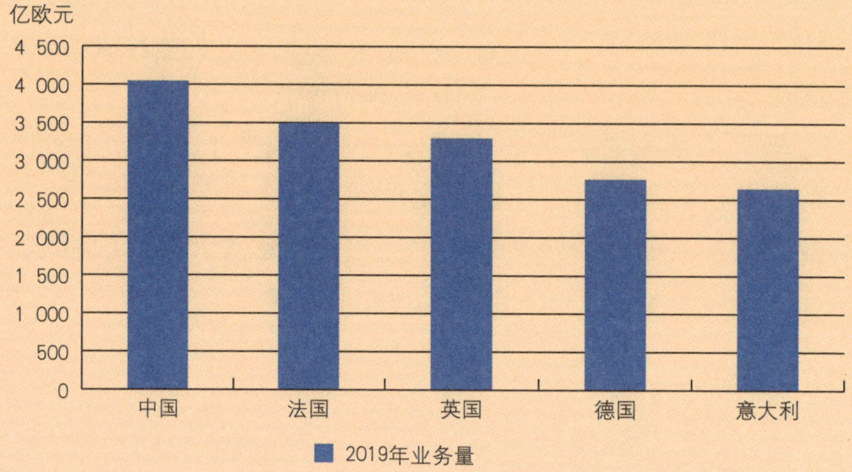

图 1-4　2019 年全球保理业务量前五名国家

（数据来源：FCI）

二、产品结构显著变化，行业保持相对活跃

2019 年全球主要保理产品仍为有追索权保理、无追索权保理、发票贴现和反向保理，但各产品业务量占比发生显著变化。其中，有追索权保理业务占比从上年的 42% 大幅下滑至 22%；无追索权保理占比稳步提升至 42%。可见在当前国际贸易形势下，更多的企业愿意选择通过无追索权保理的方式转移交易风险。发票贴现发挥“短、平、快”优势，业务占比升至 22%。

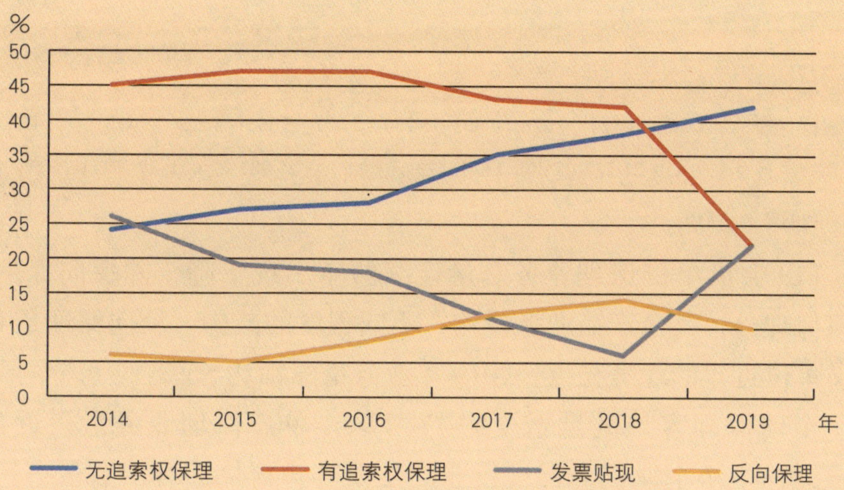

图 1–5 2014—2019 年全球主要保理产品变化趋势

（数据来源：FCI）

表 1–1 2011—2019 年 FCI 会员单位保理业务量

单位：亿欧元

项目	2011年	2012年	2013年	2014年	2015年	2016年	2017年	2018年	2019年	变化(2018/2019)
发票贴现	2 791	3 020	3 305	2 999	3 103	3 335	3 033	2 666	2 632	–1%
有追索权保理	2 675	3 062	3 396	3 561	3 019	2 366	2 313	2 456	1 912	–22%
无追索权保理	3 133	3 524	3 449	3 721	4 345	4 812	4 786	4 829	4 746	–2%
催收	260	278	314	401	577	475	409	572	537	–6%
反向保理	0	0	0	0	0	0	500	895	1 394	56%
国内保理合计	9 039	9 885	10 464	10 682	11 044	10 988	11 041	11 417	11 220	–2%
出口保理	1 630	1 926	2 193	2 425	2 612	2 566	2 924	2 112	2 167	3%
进口保理	308	367	505	541	666	634	555	317	285	–10%
出口发票贴现	511	852	874	890	969	1 080	1 061	596	475	–20%
反向保理	0	0	0	0	0	0	45	76	61	–20%
国际保理合计	2 450	3 144	3 572	3 856	4 247	4 280	4 585	3 101	2 987	–4%
FCI 保理总计	11 489	13 030	14 036	14 538	15 291	15 268	15 625	14 519	14 207	–2%
世界国内保理	17 509	17 798	18 277	18 574	18 384	18 689	20 788	22 442	23 754	6%

续表

项目	2011年	2012年	2013年	2014年	2015年	2016年	2017年	2018年	2019年	变化（2018/2019）
世界国际保理	2 641	3 524	4 028	4 901	5 294	5 071	5 195	5 229	5 417	4%
世界保理合计	20 150	21 322	22 305	23 475	23 677	23 760	25 983	27 671	29 171	5%

数据来源：FCI。

FCI 会员单位保理业务总量连续两年出现下降，除反向保理和出口保理外，其余产品业务量均有不同程度的减少。反向保理是 FCI 会员单位近年的业务亮点，2019 年业务量涨幅达 56%。

全球保理客户数量增至约 77 万家，单户保理业务量接近 380 万欧元；中小企业仍为保理行业的主要客户群体，客户数量占比达 65%。保理行业直接雇员约 10 万人，在保理市场活跃的保理公司约 4 260 家，较 2018 年均有较大幅度的上涨，保理行业继续保持活跃。

三、欧洲地区大幅领跑，亚太北美业务下滑

1. 欧洲地区

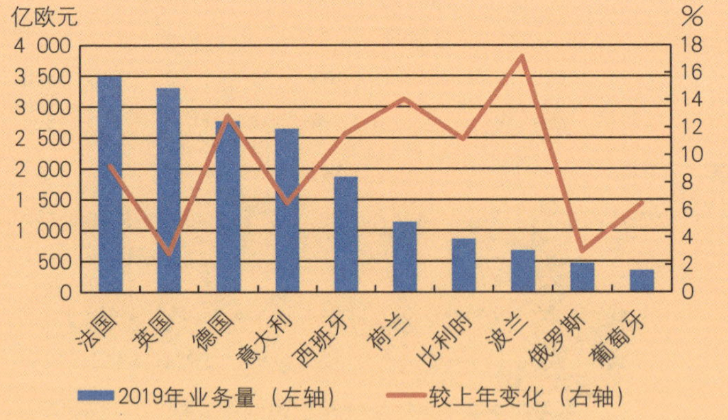

图 1–6　2019 年欧洲主要市场保理业务量及增长率

（数据来源：FCI）

欧洲保理业务继续领跑全球市场，2019 年业务量逼近 2 万亿欧元大关，占比达 67.7%，较上年上升近两个百分点。欧洲地区排名前

十的市场均实现业务量正增长。东欧市场业务发展迅猛，包括格鲁吉亚、阿塞拜疆、白俄罗斯在内的东欧国家业务量增速均超过两位数。欧洲市场整体表现活跃，但土耳其保理行业继续衰退，降幅达19%，跌出欧洲地区业务量前十，仅排在第15位。

2. 亚太地区

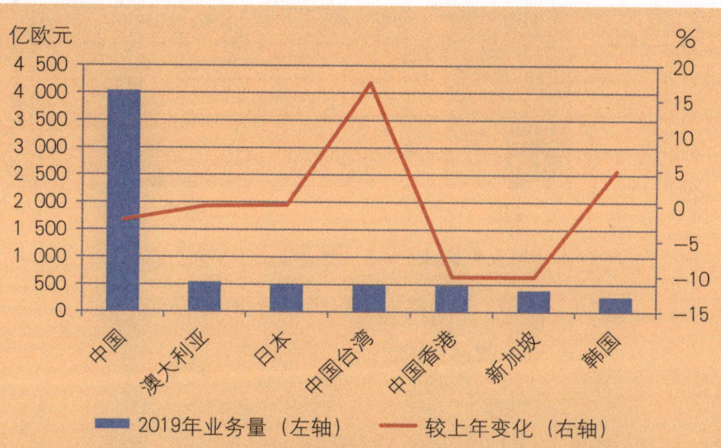

图1-7　2019年亚太主要市场保理业务量及增长率

（数据来源：FCI）

亚太地区整体表现不佳，保理业务量较上年减少1.1%至6 876亿欧元。受贸易摩擦和国际单边主义影响，亚太地区出口业务增速明显放缓，中国、中国香港、新加坡等主要市场均有不同程度的下滑，澳大利亚、日本等市场也出现了停滞。中国台湾地区走出2018年欺诈风险事件阴影，业务量逆势增长18%，达484亿欧元。中国市场虽然表现欠佳，但仍以超过4 000亿欧元的体量成为全球最大的保理市场。

3. 北美地区

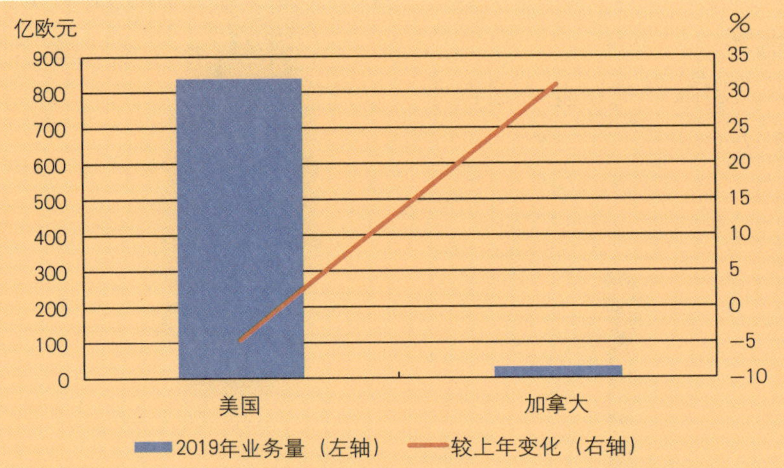

图 1–8　2019 年北美主要市场保理业务量及增长率

（数据来源：FCI）

2019 年北美地区保理业务量为 867 亿欧元，美国市场仍然一家独大，业务量占比超过 96%。由于美国市场保理业务的进一步减少，北美地区仍然未能走出衰退周期，业务量连续第五年下降，降幅为 3.7%。加拿大市场业务量增幅超过 30%，但业务量仅为 2014 年峰值水平的一半。

4. 南美地区

南美地区保理业务继续保持增长势头，2019 年业务量为 1 320 亿欧元，智利、秘鲁、阿根廷等主要市场均有较大幅度的增长。受经济衰退影响，巴西保理业务量进一步回落至 467 亿欧元，跌幅为 1.2%，但仍保持南美地区最大保理市场地位。

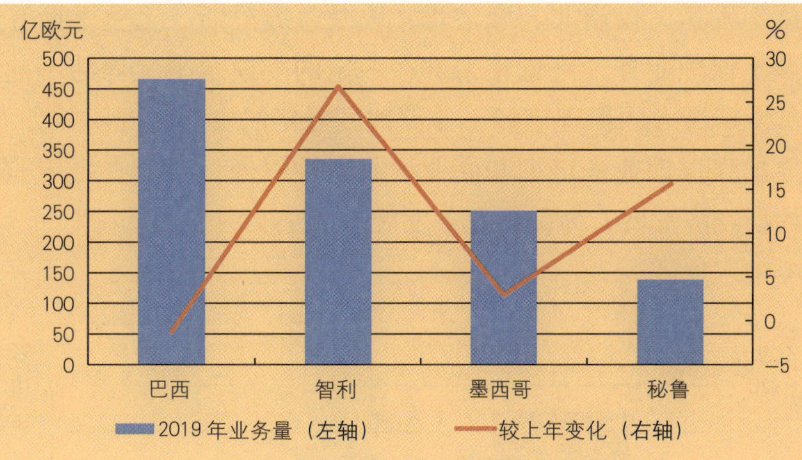

图 1–9　2019 年南美主要市场保理业务量及增长率

（数据来源：FCI）

5. 非洲地区

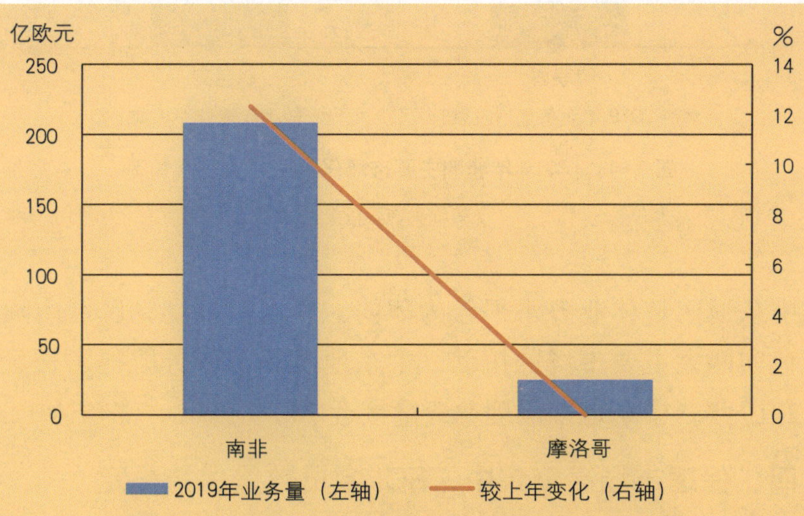

图 1–10　2019 年非洲主要市场保理业务量及增长率

（数据来源：FCI）

南非仍为非洲地区最大的保理市场。2019 年南非保理业务实现 12.3% 的正增长，直接拉动非洲地区保理业务增长。由于非洲地区经济整体不发达，仅南非、摩洛哥、埃及、突尼斯、毛里求斯等经济体开展了保理业务，且近年来都在一定的规模水平上停滞不前。作为最具发展潜力的保理市场，非洲地区近年的发展状况不尽如人意。除了要加强保理业务培训和商业法制建设以外，还应立足于非洲本土的社会经济发展，为保理业务发展打造坚实的经济基础。

6. 中东地区

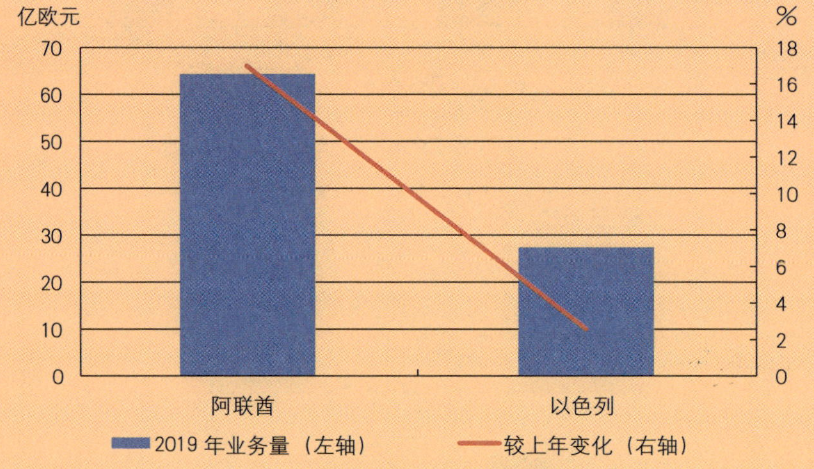

图 1-11　2019 年非洲主要市场保理业务量及增长率

（数据来源：FCI）

中东地区整体业务水平较为薄弱，但近年来受到区域内阿联酋和以色列两大主要市场的拉动，中东地区保理业务取得了长足的发展。2019 年，中东地区保理业务量接近 100 亿欧元，涨幅达 12.4%。

四、保理市场高度集中，FCI 会员数量保持稳定

2019 年保理市场继续保持高度集中，前五名保理商的市场集中度（CR5）为 82%，与上年度基本持平。其中，银行保理部门占 39%，较上年下降 6 个百分点；银行保理子公司占比继续提升，约占 35%；独立保理商占 7%，较上年微增 1 个百分点。

作为全球最具代表性的保理商组织，截至2019年末，FCI共有会员单位392家，与上年基本持平；会员分布在93个国家和地区，覆盖国家和地区数量较上年增加2个。会员数量与业务发展水平密切相关，FCI欧洲地区会员数占比最高，为44%；亚太地区居第二位，占比约32%，较上年下降1个百分点。北美地区业务集中度较高，仅有10家FCI会员单位，占比约3%。

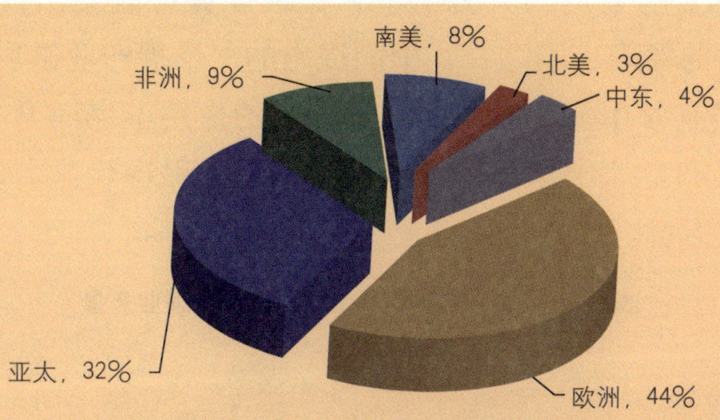

图1-12 2019年FCI会员单位数量占比

（数据来源：FCI）

五、新冠肺炎疫情持续发酵，保理业务面临挑战

2020年是一个不平凡的年份，新冠肺炎疫情在席卷全球的同时，也给世界经济带来沉重打击。国际货币基金组织（IMF）发布的《世界经济展望》将当前的状况概括为“前所未有的危机，不确定的复苏”。报告预测，今年全球经济预计将出现4.9%的负增长；发达经济体整体GDP预计下降8.0%，其中美国和欧元区分别下降8.0%和10.2%；新兴市场和发展中经济体预计下降3.0%。如果全球疫情不能得到有效控制，世界经济发展预期将进一步下滑。据世界贸易组织（WTO）2020年4月预测，2020年国际贸易总量在乐观条件下会下降13%，悲观条件下可能会下降32%。作为率先控制疫情的国家，中国可能成为唯一保持正增长的主要经济体，经济增速预计为1.0%。

且据最新发布的经济监测数据显示，中国经济恢复好于预期，有望成为世界经济恢复的推动引擎。

保理业务的发展不仅取决于世界经济的发展，还与国际贸易环境息息相关。近年来，由于国际单边主义的抬头，国际贸易环境急剧恶化，不同经济体之间的经贸交流合作面临严峻挑战。尤其是对国际市场依赖度较高、主要靠出口拉动经济的新兴经济体，在世界经济和国际贸易衰退的大背景下，保理业务可能会出现大幅下滑。作为最重要的保理市场之一，中国提出的“维护产业链供应链稳定”目标与保理业务在全球产业链供应链中的作用不谋而合。中国在维护多边主义和全球化方面的积极作用将成为保理行业重回发展轨道的重要推动力量。

表 1–2　2017—2020 年上半年 EDI 保理业务量

单位：百万欧元

地区	2017 年上半年	2018 年上半年	2019 年上半年	2020 年上半年
非洲地区	58	56	58	45
美洲地区	302	296	302	229
中东欧、东南欧及中东地区	2 918	3 157	2 046	1 483
东北亚地区	3 237	2 574	3 371	1 337
南亚及东南亚地区	1 035	775	880	493
西欧地区	1 249	1 214	1 382	1 068
合计	8 799	8 072	8 039	4 655

数据来源：FCI。

据国际保理商联合会（FCI）统计，2020 年上半年，通过国际双保理电子数据交换系统（EDI–Factoring）办理的保理业务量较往年同期几近腰斩，尤其在东北亚、南亚及东南亚等以出口业务为主的地区，受新冠肺炎疫情和国际市场需求减少的双重影响，业务量降幅较大。随着新冠肺炎疫情在大多数地区得到控制，保理业务量下降幅度有所收窄，但保理业务能否顺势恢复发展，仍然取决于世界经济的恢复情况和国际贸易环境的整体状况。

第二节　全球保理行业大事记

一、FCI Academy 与 TFG 建立教育合作伙伴关系

2019 年 6 月，FCI 的教育品牌 FCI Academy 宣布与 TFG（全球贸易融资平台）建立教育合作伙伴关系。由 FCI Academy 与 TFG 联合举办“国内及国际保理基础课程”培训班，共开设十门课程，TFG 的学员参加学习并通过考试后，可获得 FCI 颁发的认证证书。TFG 为全球领先的贸易融资平台，通过平台接入的 270 余家金融机构以贸易融资、项目融资等方式为企业客户提供服务。

二、FCI 选举产生新一届执行委员会

2019 年 6 月，FCI 第 51 届年会在越南胡志明市召开，来自全球各国和地区的保理商及行业组织代表参与了本次盛会。大会选举产生了新一届执行委员会。其中，中国建设银行国际业务部总经理孙剑波女士再次以最高票当选 FCI 执行委员会委员，并被新一届执行委员会任命为 FCI 副主席，任期两年。孙剑波女士也是本届委员会中唯一的中国代表。

三、FCI 决定成立咨询委员会

2019 年 9 月，为扎实推进五年发展战略规划实施，强化战略决策及顶层设计，经执委会研究同意，FCI 决定成立咨询委员会。新设咨询委员会，有利于 FCI 切实加强对保理行业全局性、战略性和前瞻性重大问题的研究，有利于整合资源、凝聚力量，将发展战略、科技创新、智库建设和人才培养有机结合。咨询委员会委员由业内资深专家担任。

四、ICC、TFG和WTO白皮书：贸易中的区块链和分布式账本技术

2019年11月，WTO（世界贸易组织）举办的全球贸易和区块链峰会正式发布了由ICC（国际商会）、TFG和WTO共同撰写的《贸易中的区块链和分布式账本技术白皮书》。白皮书全面系统地梳理了区块链在贸易融资领域中的应用，选取了金融、运输、物流、边检、农业等多个场景，就分布式账本技术如何助力降低成本，提高效率，增加透明度和降低重复融资、遗失信息和数据篡改风险等进行了深入研究。白皮书同时指出，区块链和分布式账本技术尚处于不成熟阶段，还将面临诸如相互操作性、标准化、法律监管和隐私等技术挑战，这将在短期内制约其发展和应用。

五、FCI支持中国应对新冠肺炎疫情

2020年2月，FCI向所有会员发出倡议书，号召全球保理商联合起来支持中国，帮助中国获得必要的医疗用品抗击疫情，并提供捐款通道；呼吁全体会员对向中国运送医疗产品的有关单位提供金融服务，加快这些重要救生产品的出口；同时鼓励FCI会员向其医疗供应行业的客户提供快速融资解决方案，助其快速应对紧急需求。中国保理商积极响应倡议，表示愿与全球保理商合作，为国外供应商提供进口保理服务，支持采购防疫物资。

六、GSCFF发布《应付账款融资——如何助力于全球供应链》

2020年2月，GSCFF（全球供应链金融论坛）发布《应付账款融资——如何助力于全球供应链》报告。报告针对近年来欧美等西方国家质疑应付账款融资可能会引发争议或欺诈的现象，阐述了应付账款融资的合理性及重要性，并在会计处理等方面提出了相关建议。报告指出，应付账款融资是买方可以用来支持其供应商生态系统的众多工具之一，买方信誉可以改善供应商融资条件，提供融资

可以优化买卖双方营运资本，支持供应商的行为符合买方的利益。鉴于此，GSCFF 倡导规范使用应付账款融资工具，助力解决日益复杂的全球供应链中买卖双方的多样化金融需求。GSCFF 由 BAFT（国际金融服务贸易协会）、EBA（欧洲银行协会）、ITFA（国际贸易和福费廷协会）、ICC 以及 FCI 共同倡导发起。

七、FCI 发布关于新冠肺炎疫情的公告函

2020 年 3 月，FCI 向各成员单位发布关于新冠肺炎疫情的公告函。FCI 表示，新冠肺炎疫情引发了全球股市动荡，对世界经济造成了巨大冲击。在需求、供给、资金链等多重因素的夹击下，企业微观主体承压，部分企业面临倒闭风险。

FCI 一方面呼吁其来自 90 多个国家和地区的近 400 名会员众志成城，全力做好防疫期间的各项保理服务工作，另一方面也提示，根据《国际保理通用规则》（GRIF）LEGAL CIRCULAR 24:1 章规定，在无追索权双保理业务项下，因疫情导致进口商未能及时足额付款的，可以适用不可抗力免责条款，由进口保理商代为偿付。

八、UNIDROIT 召开《保理示范法》项目起草会议

2020 年 6 月，国际统一私法协会（UNIDROIT）召开会议，讨论 *Model Law on Factoring*（《保理示范法》）起草工作，FCI 派专家团队参会。UNIDROIT 曾于 1988 年发布 *Convention on International Factoring*（《国际保理公约》），并计划在此基础上制定《保理示范法》，推动世界各国予以采纳，以进一步协调各国的保理法律规则。UNIDROIT 成立于 1926 年，是一个独立的政府间国际组织，总部设在意大利罗马。该协会目前有 63 个成员，通过研究不同国家以及国家集团之间的私法，特别是商业法律，致力于实体私法方面的统一和协调，并促进私法规则被不同国家逐步采用。协会是国际私法领域的权威机构，其制定的法律文件对民商事行为乃至世界经济、贸易有着重要影响。

第二章 2019—2020 年中国保理业务发展情况

本章概要：2019 年，中国保理行业仍保持较快、稳健增长，银行保理与商业保理相辅相成、相得益彰，共同推动供应链、产业链顺畅运行，破解中小企业融资难题，改善商业信用环境，助推实体经济转型升级。同时，国家出台一系列政策举措，健全保理行业法律监管体系，优化运营环境，为保理业务扬帆远航提供坚实的制度保障。本章共分为三个小节，分别介绍了 2019 年银行保理及商业保理业务概况、业务特点及面临的主要问题，并整理了 2019 年中国保理行业的重大事件。

第一节　中国银行保理业务情况

一、银行保理量止跌回升，中资银行仍引领市场

2019—2020 年，面对全球贸易局势紧张、新冠肺炎疫情蔓延、金融局势动荡以及地缘政治局势趋紧等内外部因素及市场不确定性的增加，中国银行业的保理业务虽然在困难中前行，但表现仍然可圈可点。

2019 年中国银行业保理业务量取得正增长，其中增长的绝对主力是国内保理，国际保理则降幅较大。中国银行业协会保理专业委员会统计数据显示，2019 年保理专业委员会全体成员单位保理

业务量 1.75 万亿元人民币，同比增长 5.37%。其中国际保理业务量 264.76 亿美元，同比下降 24.15%，降幅较前一年有所收窄；国内保理业务量 1.56 万亿元人民币，同比增长 10.44%。

保理业务各品种占比如图 2–1 所示。其中国内卖方保理占比 58%，超过半壁江山；其次是国内买方保理，占比 33%；而国际保理业务占比为 9%。

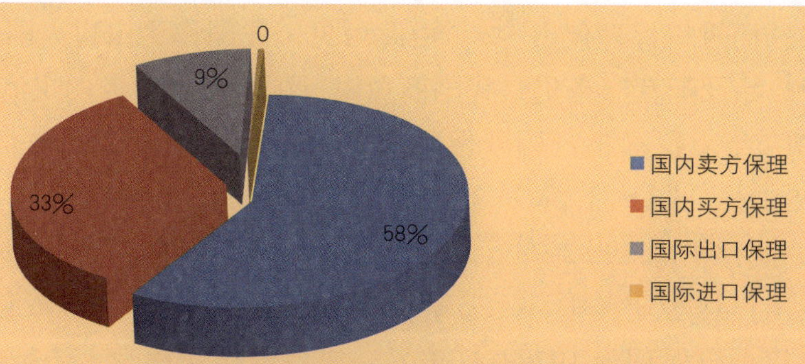

图 2–1　2019 年银行保理主要产品占比分布

在中外资银行市场份额占比中，中资银行仍然保持市场优势，占有相当大的比重。在国际保理业务中，中资银行占比 96.18%；在国内保理业务中，中资银行占比 95.47%。

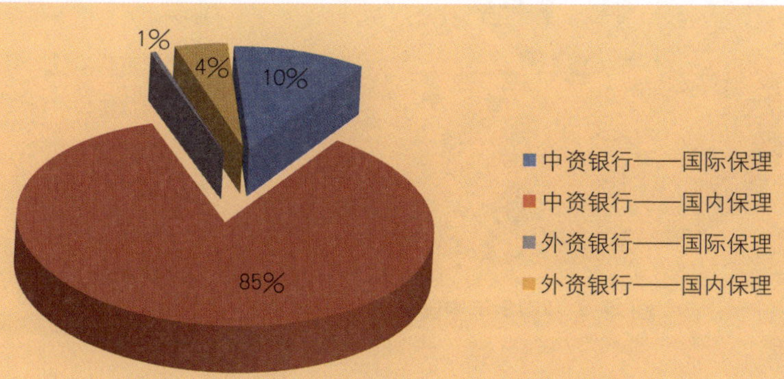

图 2–2　2019 年中外资银行保理产品分布

二、业务特点分析

（一）国际保理业务量持续下降，有追索权出口保理仍为主力品种

受外贸及外汇市场持续波动影响，尤其是中美贸易摩擦风波不断，加上反洗钱监管要求日益趋严，2019 年中国银行业的国际保理业务量仍延续 2018 年的下降趋势，尚未止跌，但跌幅有所收窄。以产品分类来看，有追索权出口保理依然是国际保理的绝对主导，占比 75%，而进口保理仅占 5%。由此可见，我国作为出口大国，出口端融资产品及配套服务仍是我国商业银行国际保理业务的主流业务。

2019 年，我国银行国际保理业务中出口保理为 252.08 亿美元，占比 95.21%，同比下降 24.38%；进口保理为 12.68 亿美元，占比 4.79%，同比下降 39.82%。

在出口保理业务中，无追索权出口保理业务量为 22.46 亿美元，有追索权出口保理为 197.60 亿美元，银保合作保理为 32.02 亿美元。进口保理业务 12.68 亿美元，基本全部为承担进口商风险的进口保理业务。

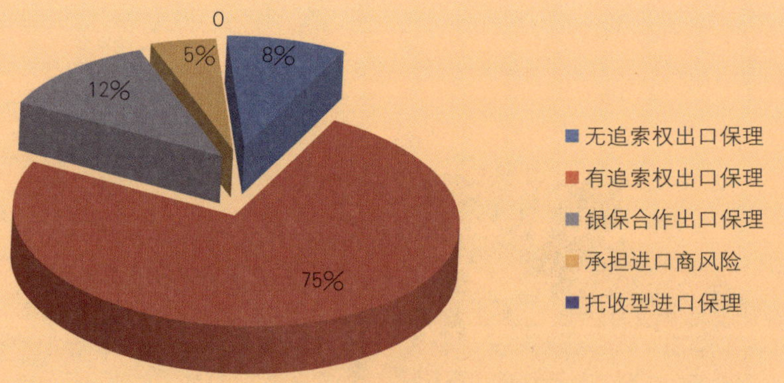

图 2-3　2019 年中国银行业国际保理业务分布

（二）国内保理业务量增幅可观，卖方保理依旧主导市场

2019 年中国银行业国内保理业务增幅扩大至 10.44%。据监测近

年来发展数据发现，卖方保理在国内保理业务中虽然一直占据绝对比重，但自2019年开始其份额有所缩减，而买方保理业务量份额开始上升。由此可见，虽然国内卖方端融资产品及配套服务仍是我国商业银行国内保理业务的主流业务，但围绕买方核心企业的供应链保理开始迅速抢占市场。

2019年我国银行国内保理中卖方保理1.17万亿元，占比63.93%，业务量同比下降11.36%；买方保理0.66万亿元，占比36.07%，业务量同比大幅增长83.33%。在卖方保理中，无追索权卖方保理为8 314.87亿元，有追索权卖方保理为3 210.30亿元，银保合作保理为190.79亿元。

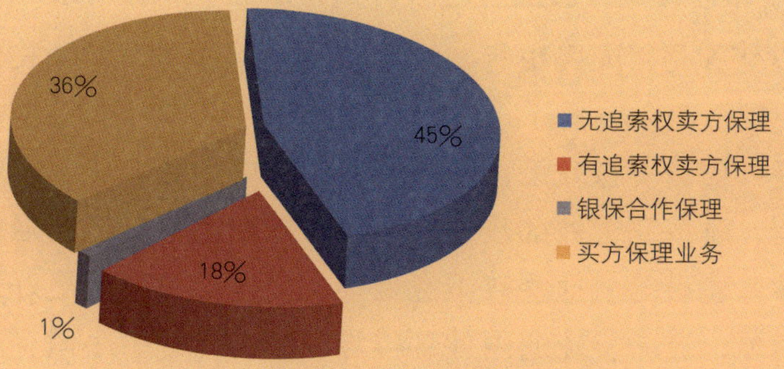

图2-4 2019年中国国内保理业务分布

三、发展面临的挑战和机遇

随着近两年内外部市场的形势变化，以及各项政策创新的陆续出台，中国银行业保理业务面临着很大挑战，同时也蕴藏着巨大的机遇。

（一）《民法典》的颁布为保理行业提供了法律制度依据

2020年5月28日，十三届全国人大第三次会议表决通过了《中华人民共和国民法典》，自2021年1月1日起施行。《民法典》通过保理合同专章九条对保理商、买方和卖方三方的权利和义务关系、未来应收账款适格性、虚假交易、金融债权的独立性等方面，进行了明确规范调节，将保理合同纠纷案由从现行的金融借款合同纠纷、其他纠纷转而确定为保理合同纠纷。这将极大地保障保理发挥其本身内在的产品属性功能，促进中小企业公平交易，提升中小企业对国民经济发展的基础作用。

《民法典》的出台，不但在法律界界定了保理合同概念，也有利于解决法官在裁判保理合同纠纷案件时"类案不类判"的现象。更重要的是，其明确表达了对保理人作为第三人法律地位的保护，将对促进市场公开、公平交易，解决中小企业融资贵、融资难问题起到积极作用。

（二）政府促进外贸提质增效，强力推进"六稳六保"工作

2020 年 5 月，人民银行、银保监会等八部门发布《关于进一步强化中小微企业金融服务的指导意见》，提出不折不扣落实中小微企业复工复产信贷支持政策，开展商业银行中小微企业金融服务能力提升工程，改革完善外部政策环境和激励约束机制，加强中小微企业信用体系建设等。这些政策意见推动金融支持政策更好适应市场主体的需要，进一步疏通内外部传导机制，促进中小微企业融资规模明显增长、融资结构更加优化，推动加快恢复正常生产生活秩序，支持实体经济高质量发展。在此政策基础上，银行应借助大数据分析，同时通过产品的优化升级促进基础客群引流，为中小客群提供更全面的综合保理服务支持。

（三）供应链金融大有可为

2017 年 4 月，国务院国资委提出央企国企去杠杆改革，降两金、降负债成为央企、国企财务评价的重要指标。以应收账款财务报表优化为代表的无追索权保理三年中得到快速增长。2020 年，本轮去杠杆周期将至，《国企改革三年行动方案（2020—2022 年）》是否延续之前两金压降的高压政策尚不明朗，无追出表产品存在较大政策不确定性。

2020 年 9 月 22 日，中国人民银行等八部委联合发布《关于规范发展供应链金融支持供应链产业链稳定循环和优化升级的意见》，这是我国出台的首份供应链金融指导性文件。该文件既包括供应链金融的内涵、发展方向、产品创新和规范、基础设施建设、政策支持体系、防范风险等，也包括合同网签、银行 UKEY 等具体事宜，为供应链的发展奠定了良好的政策基础。

目前，核心企业强确权的保理业务已发展得较为成熟，已经呈现白热化竞争状态，供应链保理类业务可以作为拓客渠道。2020 年以来，为落实国家“六稳”“六保”的政策，带动产业链上下游企业协同发展，许多央企、国企顺应产品数字化发展趋势，陆续推出供应链金融平台，立足产业链，服务上下游。银行业可通过与核心企业自建平台合作，将融资的链条逐步向多级供应商延伸，拓宽供应链业务的深度和广度。

（四）新技术的迅速发展推进保理业务数字化转型

近年来，随着互联网金融、云技术、人工智能等新技术的迅速发展和应用，金融科技的运用在银行全面提高保理业务运营效率、降低运营成本、数据准确性、过程风控、提升用户体验等方面发挥了重要作用。国内各家银行在区块链技术的运用方面也作了较多尝试。

国家外汇管理局于 2019 年 3 月 22 日启动跨境金融区块链服务平台试点工作。截至 2020 年 7 月底，跨境区块链平台试点范围已扩展至全国所有地区，参与法人银行 250 家，累计完成融资放款笔数 41 679 笔，累计放款 387.83 亿美元，服务企业共 4 325 家，其中中小企业占比约 75%。跨境金融区块链服务平台的成功应用，有效解决了中小微企业“融资难、融资贵”等问题，也推动了跨境金融业务的规范化、合规化发展。

（五）外贸新业态的发展为保理业务创新提供更多可能性

跨境电商作为国际贸易新业态之一，近年来发展迅速。根据相关数据统计，跨境电商进出口交易额已连续五年增长超30%。2019年我国跨境电商零售进出口额达1 862.1亿元，是2015年的5倍。在2020年5月的全国"两会"上，《政府工作报告》连续第六年提出加快跨境电商发展的相关表述，充分显示国家对电商的重视以及跨境电商作为稳外贸重要手段的突出作用，随着本次"综试区"扩容以及各项政策的逐渐完善，跨境电商势必将迎来更为广阔的发展机遇。银行应该在监管机构的指导下，积极创新适应新业态的金融服务产品，从结算、融资等各方面形成综合服务方案，提高服务电商行业的整体能力。

第二节　中国商业保理业务情况

商业保理是指由非银行类金融机构开展的保理业务，是我国保理行业的重要组成部分，为稳固供应链上下游关系、保障产业链顺畅运行起到不可替代的作用，是缓解中小企业融资难、支持实体经济发展的有效途径。近年来，我国经济稳步增长，赊销成为主要结算模式，全国企业应收账款规模逐年大幅攀升，为商业保理的发展奠定了坚实的市场基础。

一、商业保理业务概况

2019年商业保理行业继续保持快速增长，全年商业保理业务量达1.38万亿元人民币，同比增长15%，占中国保理市场的比例上升至44.2%。

截至2019年底，全国已注册商业保理企业超过12 000家，较2018年时的数量大幅增加。目前，全国各省、自治区、直辖市均设立了商业保理企业及分公司，根据地域经济发展状况及市场环境不同，大多数商业保理企业仍分布在广东、天津、上海、山东、福建、浙江等沿海经济发达地区。

二、行业发展特点

（一）监管格局逐渐清晰、政策环境持续完善

商业保理行业一直是国家和地方政府重点关注的领域，自第一家商业保理公司成立并开办业务以来，监管机构出台的各类监管政策层出不穷。2019 年，国家和地方政府对商业保理行业的金融监管措施更加深入、持续“加码”。

2019 年 10 月 18 日，银保监会发布首份商业保理行业监管文件《关于加强商业保理企业监督管理的通知》（银保监办发〔2019〕205 号）。通知提出了依法合规经营、加强监督管理、稳妥推进分类处置、严把市场准入关、压实监管责任和优化营商环境六个方面的要求，共 25 条。此外，各地金融监管局也纷纷出台政策进一步规范商业保理行业。2019 年 4 月 26 日，天津市地方金融监督管理局发布《天津市商业保理试点管理办法（试行）》，商业保理公司不得从事吸收存款、发放贷款等金融活动，禁止专门从事或受托开展催收业务，禁止从事讨债业务。2019 年 5 月 24 日，上海市地方金融监督管理局发布《关于进一步促进本市融资租赁公司、商业保理公司、典当行等三类机构规范健康发展强化事中事后监管的若干意见》，强化对包括融资租赁公司在内的机构的事中事后监管。2019 年 5 月 29 日，湖南省曾发布消息，从 2019 年 5 月 30 日开始，分三个阶段对全省商业保理行业摸底排查。6 月 18 日，广东省地方金融监督管理局发布《关于组织开展商业保理行业专项清理排查的通知》重点清理“空壳”“失联”“僵尸”企业和整治违规经营企业，依法清理、分类处置，实现名录管理。9 月 6 日，北京市地方金融监督管理局官网发布“检查通知”，为了防范化解金融

风险，北京市将自2019年9月起开展对京籍融资租赁、商业保理、典当行等三类行业的现场检查工作。同时，保理合同纳入民法典，奠定了保理合同的法律地位，这也是国际保理界的标杆，对我国保理业务的发展必将产生深远意义。

国家持续完善商业保理行业监管格局、不断优化政策环境，有利于促进整个商业保理行业快速、合规发展，而商业保理公司面对趋严的外部监管环境，要有合规底线思维，加强内部风险管控，借助政策红利，助推商业保理行业稳健发展。

（二）市场需求旺盛、发展态势良好

根据国家统计局相关数据，2013—2019年，中国规模以上工业企业应收账款总额逐年提升。截至2019年底，中国规模以上工业企业应收账款17.4万亿元，较2018年末增长4.5%。市场规模潜力巨大，商业保理公司大展拳脚的空间巨大。此外，我们发现，近年来各类企业应收账款的账期有所延长，加之国家推动供给侧结构性改革，加大了“去杠杆”力度，使得企业经营资金周转压力增加，对商业保理融资服务的需求进一步提升。在这样的运营环境下，商业保理行业要充分发挥市场主体作用，主动对接企业需求，利用自身优势，助力供应链业务畅通运转。

（三）信息建设加快、科技赋能强劲

随着商业保理行业的快速发展，规模逐步提升，传统的业务模式已不能满足新的发展需求，线上化、平台化、智能化业务模式自然提上议事日程。近年来，越来越多的商业保理公司主动吸纳金融科技人才或与金融科技公司合作，融入金融科技基因，打造全线上化业务办理流程，实现了业务申请、单据审查、额度审批、应收账款管理、回款、催收等全流程线上化办理模式，大幅提升业务效率和客户体验。

此外，商业保理公司还紧跟新型科技的发展浪潮，运用大数据、区块链、云计算、物联网等新型技术，融入商业保理各种应用场景，高效解决传统业务模式下的痛点堵点问题，有效防范贸易背景虚假、商业欺诈、信息不对称、道德风险等风险，为商业保理行业健康、有序发展奠定了坚实的科技基石。

三、发展面临的困境

（一）商业保理公司资质参差不齐

自商业保理业务试点开办以来，在市场需求潜力巨大和投资收益回报率高的大背景下，热情瞬间点燃，各地商业保理公司遍地开花，同时抢抓国家大力支持各类特殊监管区域的政策机遇，商业保理企业注册数量更是年年攀升，每年同比都是两位数增长。但是，在商业保理公司的数量增加的同时，质量却令人担忧，资质参差不齐。一方面，不少企业注册后一直不开业、没有实际运营，另一方面，已开业的企业业务风险隐患较大，存续能力差。监管部门对此高度重视，正在有序推进清理工作，做到优胜劣汰。2019 年商业保理企业注吊销规模接近前七年总和。相信通过国家一系列的清理整顿措施，将筛选出一批优质的商业保理企业，也为商业保理行业营造一个良好的市场竞争环境。

（二）金融机构合作意愿有限

保理业务融资是重要一环，商业保理公司依靠自有资金往往难以满足业务需要，与银行等金融机构加强合作，获得资金支持，就成了商业保理公司持续健康运转的一个有效途径。但由于多数商业保理公司股东背景不强或轻资产运营，难以提供优质担保或抵（质）押物以获得银行授信和融资。同时，由于近年来商业保理行业发展过程中暴露出的风险事件，使得银行在与之进行合作时，更为谨慎，审核的要求更高、流程更长，双方合作困难重重，阻碍了优质商业保理公司的成长与发展。

（三）人才资源难以满足行业发展

人才资源是第三产业的核心资源，从近年来成立的商业保理公司人员构成及运营情况来看，管理人员及员工背景较为复杂，来源多元化，资质参差不齐，科班出身或有相关实操经验较少，对公司治理、运营、风险防控等各方面预判和决策能力不足，内部管理薄弱，管理体系缺乏，真正能做到专业化合规经营的商业保理公司不多，阻碍了整个商业保理行业的健康发展。商业保理业务涉及金融、法律、税务、会计、合规监管等多维度的专业领域，对多元化、复合化、专业化人才需求日益旺盛，此类人才往往倾向于在银行、证券、基金等国有大型金融机构就职发展，因此商业保理公司能够获得人才的来源渠道较少，人才紧缺的局面难以改善。

第三节　中国保理行业大事记

一、国内应收账款规模再创新高

根据国家统计局发布的数据，截至 2019 年末，全国规模以上工业企业应收票据及应收账款规模已达 17.4 万亿元，创历史新高，同比增速 4.5%。另据统计，截至 2020 年 6 月末，全国规模以上工业企业应收账款 15.34 万亿元，同比增长 12.7%。（注：财政部 2018 年、2019 年先后两次调整应收账款的记账科目。）

二、《民法典》合同编专章规定保理合同

2020 年 5 月 28 日，十三届全国人大第三次会议表决通过《中华人民共和国民法典》，该民法典将于 2021 年 1 月 1 日起施行。其中，保理合同相关内容被列入新增典型合同，从保理定义、合同内容和形式、履行环节、有追 / 无追保理分类、受偿顺序、债权转让规则适用等方面搭建了保理的规范架构。作为中国保理业的标志性事件，

保理合同的专章规定将进一步促进中国保理业的发展，并对其他国家或地区的商事债权转让立法具有借鉴意义。

三、党和国家颁布政策文件

2019年12月22日，《中共中央、国务院关于营造更好发展环境支持民营企业改革发展的意见》明确提出，鼓励第三方建立供应链综合服务平台。民营企业、中小企业以应收账款申请担保融资的，国家机关、事业单位和大型企业等应付款方应当及时确认债权债务关系。推动抵（质）押登记流程简便化、标准化、规范化，建立统一的动产和权利担保登记公示系统。加快及时支付款项有关立法，建立拖欠账款问题约束惩戒机制，通过审计监察和信用体系建设，提高政府部门和国有企业的拖欠失信成本，对拖欠民营企业、中小企业款项的责任人严肃问责。

四、银保监会发布首份商业保理行业监管文件

2019年10月18日，银保监会正式下发《关于加强商业保理企业监督管理的通知》（简称205号文），成为其接受商业保理公司监管转隶后出台的首份行业监管文件。205号文提出了依法合规经营、加强监督管理、稳妥推进分类处置、严把市场准入关、压实监管责任和优化营商环境等六个方面的25条工作要求。

该通知对商业保理的合规经营具有重要意义，指明了商业保理企业应当围绕实体经济，选择有前景、有竞争力的行业，深度嵌入产业链上下游，既让自身熟悉行业把控风险，也切实做到服务实体经济、助力中小企业融资。该通知对产业背景的保理公司及相关ABS业务也产生了较大影响，如“受让同一债务人的应收账款，不得超过风险资产总额的50%；受让以其关联企业为债务人的应收账款，不得超过风险资产总额的40%”。

五、中国人民银行发布修订后的《应收账款质押登记办法》

2019年11月22日，为进一步规范应收账款质押登记，保护质押当事人和利害关系人的合法权益，根据《中华人民共和国物权法》等相关法律规定，中国人民银行发布了修订后的《应收账款质押登记办法》，自2020年1月1日起施行。《应收账款质押登记办法》（中国人民银行令〔2017〕第3号发布）同时废止。

新修订的办法取消了登记协议上传要求，提高登记效率；将初始登记期限、展期期限下调为最短1个月，使登记期限的选择更加灵活便利；修订或新增债权人与质权人名称、注销登记时限、撤销登记、解释权限等其他条款，使表述更加规范、明确。新修订的办法适应了动产融资业务发展的新形势和新要求，对标现代动产担保制度的国际最佳实践，在适用范围、登记协议、登记期限、责任义务等方面做出修订，着力满足市场主体对于建立高效便捷统一的动产担保制度、提升企业融资可获得性的需求。

六、银保监会发布《关于推动供应链金融服务实体经济的指导意见》（155号文）

2019年7月6日，银保监会发布《关于推动供应链金融服务实体经济的指导意见》（银保监办发〔2019〕155号），要求银行保险机构应依托供应链核心企业，基于核心企业与上下游链条企业之间的真实交易，整合物流、信息流、资金流等各类信息，为供应链上下游链条企业提供融资、结算、现金管理等一揽子综合金融服务。《意见》中特别提到，鼓励金融机构运用互联网、物联网、区块链、生物识别、人工智能等技术，与核心企业等合作搭建供应链金融服务平台，创新发展在线金融产品和服务，更好满足企业融资需求。在保理业务线上化发展的趋势下，《意见》对于指导云链业务、电子保理业务等线上化产品的发展具有重要的指导意义。

七、首家商业保理公司美元融资业务获批

2019 年 9 月 13 日，商业保理公司美元融资业务获得国家外汇管理局的正式批复，并落地陕西自由贸易试验区西安经开功能区，长安银科资产管理有限公司成为中国第一家可以美元为计价单位进行融资的商业保理公司。批复保理公司开展国际保理项下美元融资业务，有助于出口企业和保理公司规避汇率风险的同时，能够满足出口企业的美元融资需求，一定程度上能够解决中小型出口企业的融资难题。在全球贸易摩擦增大的背景下，商业保理公司从事国际保理有利于进一步促进中小出口企业通过国际贸易拓展海外市场。

八、《中国保理产业发展报告（2018）》发布

2019 年 7 月 2 日，《中国保理产业发展报告（2018）》（以下简称《报告》）在中国银行业协会保理专业委员会 2019 年年会上正式发布。该《报告》指出，2018 年是国际金融危机全面爆发的第十年，全球经济平稳增长，除美国等少数经济体的增速继续上升外，其他大部分经济体的经济增速出现回落，受此影响国际贸易增速也呈现下滑。2018 年，全球保理业务量为 2.76 万亿欧元，保持平稳增长，对 GDP 的渗透率较上一年上升 0.2 个百分点。其中，亚太保理业务量同比增长 6%，占全球总量的 25%。中国保理业务量为 4 116 亿欧元，同比微增 1%，占亚洲地区的 62%。《报告》总结了 2018 年全球保理业务、中国保理业务的发展情况和业务发展环境，分析了业务创新及新科技的应用，解读了业务风险和司法判例。

九、《商业保理业务规则》《商业保理合同准则》两项标准公开征求意见

2020 年 4 月，在《商业保理术语》进入专家审定阶段的基础上，中国商业保理专业委员会就《商业保理业务规则》《商业保理合同准则》两个办法公开征求意见。该《规则》主要包含商业保理业务合

格应收账款、商业保理业务流程、尽职调查、应收账款转让及通知、应收账款转让登记、商业保理回款管理、商业保理保后管理操作指引、应收账款催收、商业保理纠纷解决等内容，未来将成为商业保理行业的业务流程规范和制度参考标准；该《准则》逐条说明商业保理合同中应包含项目及条款，并整理出应收账款转让申请书文本样式、应收账款转让通知书、商业保理合同样本等资料性附录，能够促进商业保理企业防范法律风险、提高合同订立效率，促进行业健康发展。

第三章 保理业务发展环境

2019 年全球经济增长率降至 2.3%，为十年来最低水平。国际贸易环境日益动荡，主要贸易大国或地区的贸易摩擦此起彼伏，2019 年全球货物贸易量下降 0.1%，为十年内首次出现负增长。在错综复杂的国内外经济环境下，我国经济运行总体平稳，增速 6.1%，实现预期目标；贸易规模、国际市场份额双双迈上新台阶，贸易质量提升、结构优化取得新进展。应收账款规模再创历史新高。进入 2020 年，受新冠肺炎疫情影响，全球经济和货物贸易出现衰退。

2019 年以来，中国的保理业务面临不确定的市场环境。受中美贸易摩擦不断升级影响，2019 年中国大陆保理业务量有所下降。新冠肺炎疫情初期，中小出口企业面临较大压力。疫情中，出口双保理产品对进口商信用风险的缓释作用未能达到出口企业的期望。2019 年以来，政府出台一系列政策，保障对中小企业应收账款支付，促进社会信用体系建设，有利于保理业务发展。

《民法典》专门设立保理合同章，实现了保理业务从无名合同到有名合同、从依债权转让一般规定到有专门法律可依的历史性突破，为保理行业未来发展奠定了强有力的法律基础，是中国保理行业在法律方面的一个重大里程碑。

第一节　经济与市场环境

一、全球宏观经济环境

受长期贸易争端影响，2019年全球经济增长率降至2.3%，为十年来最低水平。2020年受新冠肺炎疫情影响，除中国外的主要经济体预计经济都将出现负增长。

受贸易局势持续紧张及全球需求疲软影响，2019年主要经济体贸易出口明显减弱，一些国家出口更是持续下滑，导致全球货物贸易增长严重减缓。美国带头加征关税的行为，继续扰乱全球贸易体系，对进出口、外国直接投资和供应链造成破坏并直接拖累需求，同时增加了不确定性，影响商业信心，导致企业推迟投资，对各国及世界经济贸易发展带来重大冲击。欧洲许多国家严重依赖贸易，英国"脱欧"的不确定性对地区内贸易造成负面影响，全球贸易表现不佳对欧洲贸易的拖累尤为明显。2019年国际贸易环境日益动荡，主要贸易大国或地区的贸易摩擦此起彼伏。日本—韩国、美国—欧盟等贸易紧张局势都在短期内升级，给相互间的经贸关系带来挑战。根据2020年4月世界贸易组织（WTO）发布的《全球贸易数据与展望》报告，2019年全球货物贸易量下降0.1%，为十年内首次出现负增长。而2020年6月WTO发布的《全球贸易数据与展望》显示，2020年第一季度全球货物贸易量同比下降了3%。WTO于2020年10月发布的《全球贸易数据与展望》更新报告则显示，2020年第二季度全球货物贸易量出现历史性下滑，环比降幅达14.3%（只有医疗物资等疫情相关产品贸易规模逆势增长），但第三季度已出现触底反弹迹象，因此WTO预测2020年全球货物贸易量将萎缩9.2%，好于早先的预期。

二、国内宏观经济环境

（一）宏观经济概况

2019 年，国民经济运行总体平稳，发展质量稳步提升，主要预期目标较好实现。国内生产总值 990 865 亿元，按可比价格计算，比上年增长 6.1%，符合 6%~6.5% 的预期目标。从产业看，第一产业增加值 70 467 亿元，比上年增长 3.1%；第二产业增加值 386 165 亿元，比上年增长 5.7%；第三产业增加值 534 233 亿元，比上年增长 6.9%。

（二）进出口数据

2019 年全年货物进出口总额 315 446 亿元，比上年增长 3.4%。其中，出口 172 298 亿元，增长 5.0%；进口 143 148 亿元，增长 1.6%。进出口相抵，顺差为 29 150 亿元。一般贸易进出口占进出口总额的比重为 59.0%，比上年提高 1.2 个百分点。机电产品出口增长 4.4%，占出口总额的 58.4%。一是贸易规模、国际市场份额双双迈上新台阶。全年进出口总额 31.54 万亿元人民币，增长 3.4%。其中，出口额为 17.23 万亿元，增长 5.0%，进口额为 14.31 万亿元，增长 1.6%，进出口、出口、进口规模均创历史新高。二是贸易质量提升、结构优化取得新进展。国际市场布局明显优化，与“一带一路”国家进出口总量增长 10.8%，占比提高 2 个百分点至 29.4%。对欧盟、东盟、拉美、非洲进出口分别增长 8%、14.1%、8% 和 6.8%。三是为全球经济复苏和贸易增长注入新活力。中国主动向世界开放市场，连续 11 年成为全球第二大进口市场，进口额占世界进口总额的 10% 以上。

（三）应收账款情况

根据国家统计局发布的数据，截至 2019 年末，全国规模以上工业企业应收票据及应收账款规模已达 17.4 万亿元，创历史新高，同比增速 4.5%。截至 2020 年 6 月末，全国规模以上工业企业应收账款

15.34 万亿元，同比增长 12.7%。（注：财政部 2018 年、2019 年先后两次调整应收账款的记账科目。）

三、我国保理市场环境

（一）中美贸易摩擦、新冠肺炎疫情等为保理业务发展带来不确定性

2019 年，美国特朗普政府继续挥舞“关税大棒”，进一步升级中美经贸摩擦，中国政府不得不采取相应反制措施，两国贸易受到严重影响。此外，特朗普政府还假借“国家安全”之名，对华为等中国企业实施出口管制。根据 FCI 数据统计和分析，主要由于受到贸易摩擦影响，中国 2019 年的保理业务量下降了 2%。

2020 年，新冠肺炎疫情在全球蔓延。新冠肺炎疫情对中国的国际国内贸易在不同阶段带来了不同的影响，也不可避免地对保理业务产生了多方面的影响。在疫情初期，受停工停产影响，以及一些国外企业开始将供应链转移出中国，中国的中小出口企业的出口订单受到较大影响，企业生产经营压力很大。国内银行的国际保理业务量也相应大幅下降。后期，随着国内疫情的好转，国外疫情的蔓延，企业复工复产，订单增加，国家也出台一系列“稳外贸”措施。但在这一背景下，出口企业更多地还是转向了出口信保，国家对出口信保也出台了相应的补贴政策。而出口双保理产品未能发挥应有的作用，不仅是政府层面关注不够、没有政策补贴的外因导致，但更重要的是内因：承担国外进口商信用风险的功能并没能达到出口客户的期望。这一方面是因为国外保理商大量依靠信用保险公司为进口商核定信用额度，自身承担进口商信用风险能力不强。在新冠疫情的背景下，国外的信用保险公司大幅收缩风险暴露，拒绝或减少为进口商核定信用额度，导致国外保理商承担进口商信用风险的能力降低。另一方面，在新冠肺炎疫情的情况下，大量出现疫情相关的商业纠纷，例如进口商取消订单、以疫情作为不可抗力

要求延长账期、疫情导致的货物运输问题产生的纠纷等。在这些疫情产生的商业纠纷中，出口双保理产品并没能很好地保障出口保理商的利益，产品的风险缓释功能未能达到出口商的期望。

（二）健全社会信用体系，保障对中小企业应收账款支付

2020 年 7 月 1 日，国务院常务会议通过了《保障中小企业款项支付条例》（以下简称《支付条例》），于 2020 年 9 月 1 日正式实施，以维护中小企业的合法权益。《支付条例》规定，不得以负责人变更、等待验收、决算审计等为由拒绝或延迟支付，并建立支付信息披露制度、投诉处理和失信惩戒制度以及监督评价机制，明确了有关部门的管理职责，通过行政手段监督机关、事业单位和大型企业及时付款。

事实上，2002 年颁布的《中小企业促进法》对于解决拖欠中小企业款项的规定早已有之，其中第五十三条规定，国家机关、事业单位和大型企业不得违约拖欠中小企业的货物、工程、服务款项。然而，《中小企业促进法》未规定罚则，且规定原则性较强，可操作性不够，影响法律的实施效果。

2019 年 9 月，工信部依据《中小企业促进法》起草了行政法规《及时支付中小企业款项管理办法（征求意见稿）》（以下简称《支付管理办法（征求意见稿）》），进一步细化相关规定。《支付管理办法（征求意见稿）》明确规定了付款期限："国家机关、事业单位和大型企业从中小企业采购货物、工程、服务的，应当在 30 日内付款；另有合同约定的，付款期限最长不得超过 60 日。"《支付管理办法（征求意见稿）》也明确了拖欠中小企业款项需要承担的责任：国家机关、事业单位和大型企业迟延支付中小企业款项的，应当支付逾期利息。迟延支付给中小企业造成的实际损失大于逾期利息的，中小企业有权要求国家机关、事业单位和大型企业赔偿实际损失。

此外，工信部已建立违约拖欠中小企业款项登记（投诉）平台，并于2019年4月上线运行，主要受理国家机关、事业单位和国有企业违约拖欠民营企业中小企业款项的登记（投诉）。同时，工信部指导各地清欠工作责任部门建立并公布了受理拖欠民营企业中小企业账款投诉渠道。下一步将完善登记（投诉）平台，推动健全投诉处理机制，确保中小企业投诉“件件有着落，事事有回音”。

尽管工信部出台了上述办法和措施，但可能由于只是征求意见稿，未正式颁布，并且受2020年以来疫情影响，效果并不显著。据工信部数据显示，2020年5月末，规模以上中小工业企业应收账款同比增长了17.5%，中小企业应收账款平均回收期比上年同期增加了13.2天。

社会信用体系不健全是制约中国保理业务发展的重要因素之一。《支付条例》《支付管理办法（征求意见稿）》和违约拖欠中小企业款项登记（投诉）平台的建立，是政府建立长效机制，通过制定专门法律法规，运用法律手段根除拖欠中小企业账款这一长期以来的症结的举措，是我国社会信用体系建设的又一进步，对促进我国保理业务发展将起到积极作用。对《支付管理办法（征求意见稿）》中明确规定“国家机关、事业单位和大型企业从中小企业采购货物、工程、服务的，应当在30日内付款；另有合同约定的，付款期限最长不得超过60日”，有观点认为限制了保理业务的办理空间。这一观点有些片面。一方面，保理业务，并不是账期越长越好，账期长，意味着风险高，固然收益也高；而账期短，收益小，但多循环几次，实际的收益也不低。另一方面，在欧美成熟市场上，保理业务面对的主要就是中小企业，办理保理业务所基于的应收账款的账期多在45~60天，最长一般不超过90天；而在中国，国内保理业务中常见的长达半年、甚至一年的账期，本身就是一种“中国特色”，相信随着中国信用体系建设的发展，中国市场上应收账款的平均账期会逐渐缩短。

第二节　最新政策环境与法律环境

一、保理业务的基本政策与法律环境

（一）保理行业的政策与法律环境

伴随着银行保理业务快速发展，银监会于2013年8月正式印发了《中国银监会关于加强银行保理融资业务管理的通知》（银监发〔2013〕35号），为进一步规范商业银行保理业务行为，又于当年8月底开始起草《商业银行保理业务管理暂行办法》，并于2014年正式印发，是我国首个国家级监管层面专门针对保理业务的管理文件，对促进银行保理业务的健康发展具有重要的指导作用。

随着保理业务政策的不断完善，2020年5月28日，十三届全国人大第三次会议审议表决通过《中华人民共和国民法典》（自2021年1月1日起施行），这标志着保理合同章正式立法，实现了保理业务从无名合同到有名合同、从依债权转让一般规定到有专门法可依的历史性突破，为保理行业未来发展奠定了强有力的法律基础，本次保理合同写入《民法典》合同篇是保理行业的重大里程碑。

（二）当前保理行业的法律依据

我国银行保理业务相关的司法审理依据主要有《民法典》（保理合同章，2020年新增）、《中华人民共和国合同法》《中华人民共和国民事诉讼法》《中华人民共和国担保法》《中华人民共和国物权法》等相关法律。

表3-1　银行保理业务司法审理依据

法律名称	生效日期	所属类别
《中华人民共和国合同法》	1999-10-01	国家法律法规
《中华人民共和国民事诉讼法》	2012-08-31	国家法律法规
《中华人民共和国物权法》	2007-10-01	国家法律法规

续表

法律名称	生效日期	所属类别
《中华人民共和国担保法》	1995–10–01	国家法律法规
《民法典》保理合同章	2021–01–01	国家法律法规

（三）保理行业面临的政策、法律困难

保理行业仍存在一些困难亟待解决，一是《民法典》从基础原则方面使得保理有法可依，但操作及管理规定方面仍待监管政策、法律规定等的进一步细化明确，以便更好地指导及规范保理业务发展。二是征信体系尚需完善。目前我国社会征信体系尚不完善，征信信息未完全公开。开办保理业务的银行或商业保理公司难以取得非上市企业的公开财务信息，无法对自身客户以外的企业进行信用评估。为规避风险，银行一般只能选择本行客户或者大中型企业作为保理业务的客户，广大中小企业被限制在了银行保理业务之外。三是优惠政策尚不明确。保理业务作为支持出口企业的有效融资手段，并无相关优惠或补贴政策，增值税政策也有待明确。

二、保理业务最新政策法规及立法进展

（一）2019 年 7 月 11 日，中国银行保险监督管理委员会印发《关于推动供应链金融服务实体经济的指导意见》

《意见》要求，银行保险机构应依托供应链核心企业，基于核心企业与上下游链条企业之间的真实交易，整合物流、信息流、资金流等各类信息，为供应链上下游链条企业提供融资、结算、现金管理等一揽子综合金融服务。在《意见》中特别提到，鼓励金融机构运用互联网、物联网、区块链、生物识别、人工智能等技术，与核心企业等合作搭建供应链金融服务平台，创新发展在线金融产品和服务，更好地满足企业融资需求。

（二）2019 年 10 月 31 日，中国银保监会发布《关于加强商业保理企业监督管理的通知》

《通知》要求从依法合规经营、加强监督管理、稳妥推进分类处置、严把市场准入关、压实地方监管责任、优化营商环境六个方面指导各地加强商业保理企业的事中、事后监管。一是依法合规经营。明确商业保理经营原则、内部管理、业务范围、融资方式和负面清单。二是加强监督管理。明确商业保理企业各项监管指标、监管措施和建立重大事项报告制度。三是稳妥推进分类处置。将商业保理企业划分为正常经营、非正常经营和违法违规经营三类，稳妥有序对存量企业实施分类处置。四是严把市场准入关。要求各地方金融监管局协调市场监管部门严控商业保理企业登记注册。五是压实地方监管责任。明确地方政府监管职责，建立分级监管和专职监管员制度，完善跨部门、跨地区监管协作机制。六是优化营商环境。从支持政策、与银行保险机构合作、行业自律等方面引导商业保理企业更好为中小微企业提供服务。

（三）2019 年 11 月 29 日，中国人民银行发布《应收账款质押登记办法》

《应收账款质押登记办法》适应动产融资业务发展的新形势和新要求，对标现代动产担保制度的国际最佳实践，在适用范围、登记协议、登记期限、责任义务等方面作出修订，着力满足市场主体对于建立高效便捷统一的动产担保制度、提升企业融资可获得性的需求。

（四）2019 年 12 月 10 日，中国银保监会、商务部、国家外汇管理局联合印发《关于完善外贸金融服务的指导意见》

《指导意见》提出创新应收账款融资。鼓励银行在审慎评估应收账款真实性和稳定性、有效把控应收账款常态余额水平的前提下，开展外贸应收账款融资及相关业务创新，实现授信、放款、还款的灵活安排，适应外贸“单多量小、周转较快”的特点。鼓励银行在有效把控出口退税账户变更情况等基础上开展出口退税账户相关融资，未退税款可视同企业应收账款一并进行质押融资。鼓励银行在有效把控供应链信息流、物流、资金流和完善交易结构的基础上，围绕核心企业开展面向上下游的境内外供应链金融服务。

（五）2020 年 3 月 26 日，中国银保监会出台《关于加强产业链协同复工复产金融服务的通知》

《通知》是继银保监〔2019〕155 号文后，监管部门针对供应链金融的又一专门政策，既与前者一脉相承，又进一步聚焦、具体和细化，凸显监管持续重视供应链金融，从原则理念走向落地实施，旨在加强对核心企业上游企业的信贷支持，银行可通过应收账款、应收票据等融资方式，为上游企业解决先货后款模式下的资金占用问题，也可以上游企业所获订单为基础进行订单融资，满足上游企业经营周转需要。

另外，优化供应链融资业务办理流程；在核心企业承担付款责任或提供担保、回购、差额补足等增信措施的前提下，上下游企业办理供应链融资业务时，银行可适度简化客户评级准入等流程，纳入核心企业统一授信管理，使用核心企业授信额度。

（六）2020 年 4 月 10 日，商务部等 8 部门联合印发《关于进一步做好供应链创新与应用试点工作的通知》

《通知》要求，试点城市要加快推动和帮助供应链龙头企业和在全球供应链中有重要影响的企业复工复产。为认真贯彻落实打赢脱贫攻坚战、全面建成小康社会重大战略部署和坚持在常态化疫情防控中加快推进生产生活秩序全面恢复相关要求，要在原有试点任务基础上，重点做好加强供应链安全建设、加快推进供应链数字化和智能化发展、促进稳定全球供应链、助力决战决胜脱贫攻坚和充分利用供应链金融服务实体企业五个方面工作。

（七）2020 年 4 月 10 日，商务部等 8 部门联合印发《关于复制推广供应链创新与应用试点第一批典型经验做法的通知》

《通知》要求完善试点工作推进机制、推动供应链跨区域协同、构建供应链工作新载体、完善供应链公共服务，以及优化政策支持等方面的做法和经验。提升供应链管理和协同水平方面，主要包括建设和完善各类供应链平台，提供供应链一体化、专业化服务等方面的做法和经验。加强供应链技术和模式创新方面，主要包括推动供应链与现代信息技术深度融合、创新供应链发展新模式、积极布局全球供应链、推动绿色供应链发展，以及提升供应链金融服务科技水平等方面的做法和经验。

（八）2020 年 5 月 28 日，《中华人民共和国民法典》新增保理合同章节

2020 年 5 月 28 日，《中华人民共和国民法典》在十三届全国人民代表大会第三次会议审议通过，其中合同篇保理合同章等相关条款正式成为法律。

本次在《民法典》合同编第十六章《保理合同》（第 761—769 条）对保理行业的具体条款确立了相关规则，新增内容主要为：一是未来应收可做保理；二是应收账款的禁止转让约定不得对抗保理人；三是从权利转移不因未登记受影响。此举业内认为将大大规范商业保理业务的审判依据，对保理行业有法可依有着很重要的积极意义，进一步促进保理行业发展。

此外，保理合同章从保理定义、合同内容和形式、履行环节、有追 / 无追保理分类、受偿顺序、债权转让规则适用等方面搭建了保理的基本规范架构，使得商业保理企业能够基于法律规范开展业务，推动行业规范依托于企业实践逐步完善的同时，更好地保障企业能够利用法律维护自身有效权益。

第四章 保理业务创新

第一节　保理资产证券化

资产证券化是指将企业目前虽然缺乏流动性，但预期未来会有稳定的现金流收入的资产进行组合打包，通过风险隔离、结构性重组以及内外部信用增级，并以资产池所产生的现金流作为偿付基础，将其转换为可在金融市场上发行、流通的有价证券的过程。

资产证券化是债券市场的重要组成部分，我国资产证券化市场由银保监会主管的信贷资产证券化、证监会主管的企业资产证券化（ABS）和人民银行（交易商协会）主管的资产支持票据（ABN）市场组成。

近年来，商业保理公司飞速发展，据《中国商业保理行业发展报告（2019）》数据显示，截至2019年12月31日，全国已注册商业保理法人企业及分公司存量共计10 724家，全年商业保理业务量达到1.38万亿元人民币，较2018年增长了15%。因此越来越多的商业保理公司在不断地拓展更广泛的直接融资渠道，而资产证券化是盘活保理资产的一个重要方式。

一、保理资产证券化的定义

商业保理公司基于融资的需求，将从卖方处受让的缺乏即期流动性、但具有可预期稳定未来现金流的应收账款债权或保理融资债权集中起来形成资产池，并将资产出售给特殊目的载体（SPV），对资产进行信用增级、分层后转换为可以在金融市场发行、流通的有价证券的过程。保理资产证券化主要通过企业资产证券化（ABS）和资产支持票据（ABN）两个市场发行、流通。

目前，很多观点认为保理资产证券化归属于企业应收账款资产证券化的一种，但其实两者虽然存在诸多相似之处，却不是完全的包含关系。相似之处在于基础资产方面，穿透来看，两类资产证券化最底层的资产都是企业应收账款债权，但两者在交易结构及法律关系方面有所不同。企业应收账款资产证券化中，只存在基础交易法律关系，即债权人仅对债务人享有“应收账款债权”；而市场上部分保理资产证券化业务中，除了基础交易的法律关系外，还嵌套了一层保理合同法律关系，基于保理商为企业提供的保理融资服务，保理商同时享有对债务人的“应收账款债权”和对企业的“保理融资债权”。

基于此，保理商在作为原始权益人发起资产证券化产品时，可以根据实际情况，以“保理融资债权”或以“应收账款债权”作为适合的基础资产入池。

二、保理资产证券化的业务规模

自 2015 年 5 月摩山保理一期资产支持专项计划的成功发行后，开启了商业保理公司以保理资产为基础发行资产支持专项计划的序幕。近年来，资产证券化作为保理商融资途径之一，重要性日益突出，从图 4–1 可以看出，从 2015 年至 2019 年底，保理融资证券化在发行规模上不断有新的突破，且以保理融资债权作为基础资产的资产证券化业务逐渐兴起。

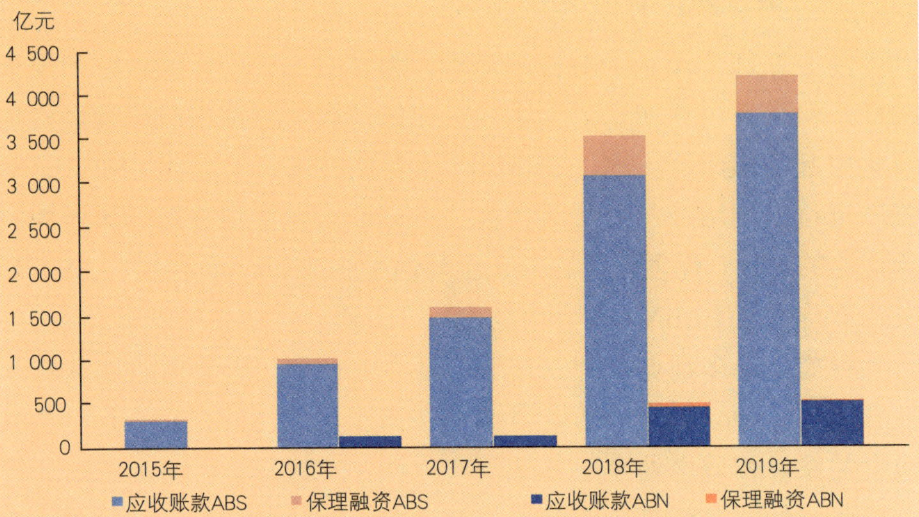

图 4–1 近五年保理资产证券化发行量

Wind 数据显示，2019 年企业应收账款 ABS 共发行 500 笔，总金额 3 790 亿元，其中包含一部分以保理资产作为基础资产进行的资产证券化，保理融资 ABS 共发行 46 笔，总金额为 410 亿元；以应收账款为基础资产发行的 ABN 共 102 笔，总金额为 816 亿元，基本以保理资产入池，以保理融资债权发行 ABN 的共 6 笔，总金额为 53 亿元。

从公开数据可以看出，保理资产证券化主要有房地产行业、电商行业和其他行业。其中，房地产行业保理融资发展迅速，2018 年发行 1 171 亿元，是 2017 年全年发行量的两倍以上，2019 年发行 1 624 亿元，较 2018 年增长 38.7%。2019 年房地产行业主要以碧桂园的地产保理资产为主。电商行业保理融资的 ABS 发行量 2017 年也达 63 亿元，2018 年总共发行 98 亿元，2019 年共发行 134 亿元，比如“京东金融—华泰资管 ×× 供应链保理合同债权资产支持计划”“苏宁供应链 2 号资产支持专项计划”等；值得一提的是，2019 年越来越多的建筑工程企业和医药流通企业开始通过保理资产证券化获得资金融通。比如：南京医药股份资产支持票据、华润医药商业集团应收账款资产支持专项计划”，中铁三局、四局和五局的资产支持票据，中铁建、中建七局、中铁十局的资产支持专项计划等。

三、保理资产证券化的创新模式发展

随着保理行业发展及市场需求，保理资产证券化呈现模式灵活多样化，以及与供应链金融、金融科技相结合的创新做法。

（一）“代理人＋供应链金融”的保理资产证券化

以代理人模式开展保理ABS业务，即保理机构不再作为原始权益人，而是接受原始权益人的委托作为其代理人开展资产证券化的相关工作。“代理人＋供应链金融”资产证券化模式能体现出央企保理公司以及供应链中核心企业的信用优势，优化业务流程，降低企业的综合成本，减少融资的交易环节，并且有效控制了业务风险，是ABS领域的一次创新。

2019年1月25日，中国建筑所属中建商业保理有限公司以中建二局为核心企业开展的供应链金融资产支持证券项目“中建保理—海通申证—中建二局第一期供应链金融资产支持专项计划”成功发行，这是目前首家国有企业代理人模式供应链ABS。

（二）“区块链＋保理资产证券化”

与传统保理资产证券化相比，基于区块链应用的ABS或ABN的基础资产及现金流有所不同。前者以基础交易项下产生的“应收账款”或“保理融资债权”作为基础资产，现金流则基于账款到期后，债务人的付款；而后者，则以区块链技术的应收账款链式平台上，经核心企业确认并签发电子付款承诺凭证的应收账款为基础资产。并且，该电子付款承诺可以在平台上进行多级流转。平台供应商将其持有的应收账款转让给保理商，再由保理商发行资产支持计划，而现金流通常不对应基础交易项下的债务人，而是签发电子付款承诺凭证的核心企业。

2019 年 2 月，深圳市柏霖汇商业保理有限公司参与的国信证券—链融科技供应链金融 2 号第 1-X 期资产支持专项计划在深交所获批。截至 2019 年底，链融科技以深圳市柏霖汇商业保理有限公司为原始权益人，通过四家证券投资公司累计发行资产支持计划共 41 期，总金额为 308 亿元。

第二节　再保理业务

FCI（国际保理商联合会）将保理业务定义为包含“资金融通、账务管理、坏账担保和催收”四项基本功能的综合性金融服务，根据提供服务的保理机构（主体）的不同，保理可以分为银行保理和商业保理。“再保理业务”由于能够有效地连接银行保理和商业保理，已日益引起关注。

一、“再保理”定义

“再保理”本质是债权的再转让（参照国际保理），即企业将其因贸易或服务等产生的应收账款债权转让给商业保理公司，由后者再次将此债权转让给其他保理商的行为。银行再保理通常由银行接受商业保理公司的债权转让并向商业保理公司提供融资的一种方式。

二、商业保理与银行保理的起源

作为保理界的鼻祖，欧美国家的保理起源于商业性质的保理公司，而亚太地区的中国台湾地区是引入保理的典范，之后才有银行保理的业务拓展。由于中国大陆地区大部分金融资源主要集中在银行，所以保理这项舶来品一经引入中国大陆，首先表现为银行保理，作为一种贸易融资产品发展起来。1992 年，中国银行率先开办了保理业务并在国内首批加入 FCI 并成为其会员，拉开了银行保理业务发展的序幕。自2008年起，中国出口保理业务量跃居全球之首；2011年中国赶超英国成为全球最大的保理商市场。与此相对照，2005年，天津滨海以“工商注册”的形式批准了我国第一家保理公司。2012年，商务部发文批准商业保理试点，商业保理业务以此为契机，在中国保理市场得以大力发展。

三、再保理产生的背景

作为中小企业融资的重要途径之一，商业保理近年来市场认知程度显著提高。随着银保监会发布《关于加强商业保理监督管理的通知》和民法的政策法规环境获得了重要改善，整个行业正处于变革发展的重要阶段。2019年，全国规模以上工商企业应收票据及应收账款总量为17.4万亿元人民币，同比增长4.5%。根据中国服务贸易协会商业保理专业委员会日前发布的《中国商业保理行业发展报告（2019）》显示，截至2019年12月底，全国已注册商业保理法人企业及分公司存量共计10 724家，我国商业保理业务量达到1.38万亿元人民币，同比增长15%，占我国保理市场的比例上升至44.2%。计算机、通信、电子设备制造、电气机械、汽车制造、非金属矿制品等行业位居前列。

根据银行业协会统计，2019年国内银行保理业务量超过1.56万亿元人民币。从统计数据来看，卖方保理业务在国内保理业务中占比较大，买方保理业务相对较小。各家银行更加偏重于围绕卖方客户开展保理业务。其中，无追索权卖方保理业务较上年同期有所上升。银行作为保理业务服务提供方，面对日益严峻的竞争形势，正努力寻求质的突破。为提高竞争力和客户黏度，银行正在借助新兴科技，大力发展金融科技，整合供应链的资金流、物流、商流和信息流，利用科技手段特别是互联网技术，提升业务操作的便利性和作业效率，降低业务运营成本使之回归本源。

在发展期间，由于商业保理与银行保理的不同特点，构成了再保理业务产生的背景，具体如下：

（一）我国商业保理公司外部融资渠道不畅

我国商业保理公司普遍存在“轻资本”的特点。据统计，我国商业保理公司平均注册资本为 8 000 万 ~ 9 000 万元人民币，开展约 2 000 亿元的保理融资，多数需要外部资金支持。银行作为我国主要低成本资金融资渠道，以传统的企业财务指标为核心建立评级机制判断违约，在以抵押、质押担保是否充足衡量风险缓释情况的风险模型下，很难针对商业保理公司展开大规模授信与融资。再保理的出现解决了这一问题。再保理兼顾了授信主体与具体债权的审查，但业务的受理条件、业务操作流程等方面仍然遵守保理业务的管理与规定，将实质风险转移到产生债权的企业一方。比如，A 商业保理公司由于资产负债率过高等因素，无法直接从银行获得融资。而 A 商业保理公司将优质保理资产转让给银行保理商，从而获得融资。

（二）我国银行保理业务普遍存在“重融资职能，轻应收账款管理”的特点

商业保理业务特点正好相反，再保理将两者的特点结合起来，是功能互补的内在需求，进一步促进了我国保理业务的健康均衡发展。

四、再保理的业务模式与案例分析

（一）业务模式

再保理业务涉及 4 个当事方，包括卖方、买方、保理商、再保理商。保理商一般为商业保理公司，再保理商为银行。在该业务模式下，卖方将赊销（O/A）项下的国内货物、服务或工程项下产生的应收账款转让给保理商，再转移给再保理商，由再保理商提供无追索权融资、应收账款管理等服务。具体流程如图 4–2 所示：

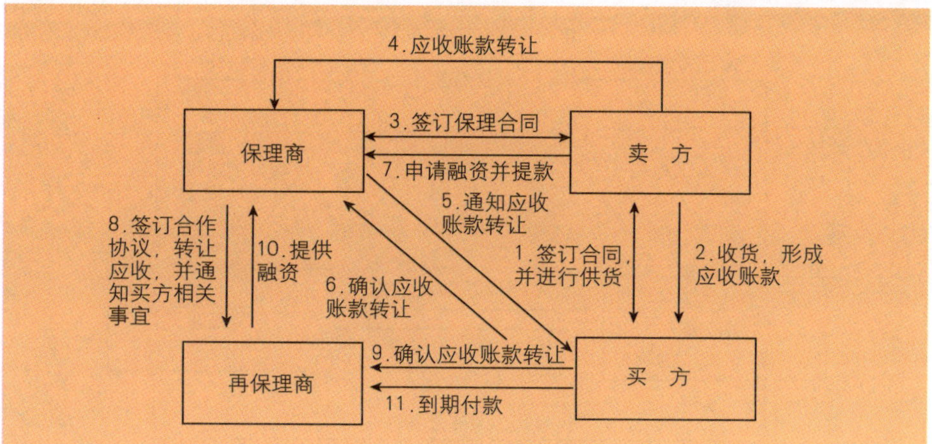

图 4–2 “再保理”业务模式

（二）案例分析

JD 商城目前是国内最大的自营平台电商，上游供应商已达 9 万家，以中小企业为主。JD 商城利用供应链核心企业地位，采取赊销的结算方式。这种赊销方式虽然降低了 JD 商城的资金成本，但是直接影响了供应商资金周转及商品采购规模，进而间接影响 JD 商城的采购与销售。而大部分中小供应商由于自身实力有限，很难获得银行信贷支持，整个供应链现金紧张的问题限制了 JD 商城的发展。

2012 年，商务部出台了《关于商业保理试点有关工作的通知》，在此背景下，JD 商城于 2013 年在上海成立了 BH 保理公司，以 JD 商城对供应商赊销交易项下的应收账款为还款来源，向供应商提供保理融资服务，从而加速供应商资金周转，支撑供应链正常运转，并创建了“JD 宝”供应链融资品牌。2016 年，BH 保理公司叙做商业保理超过百亿元，成为国内规模最大的商业保理公司，且坏账率低于万分之一。具体业务流程如图 4–3 所示：

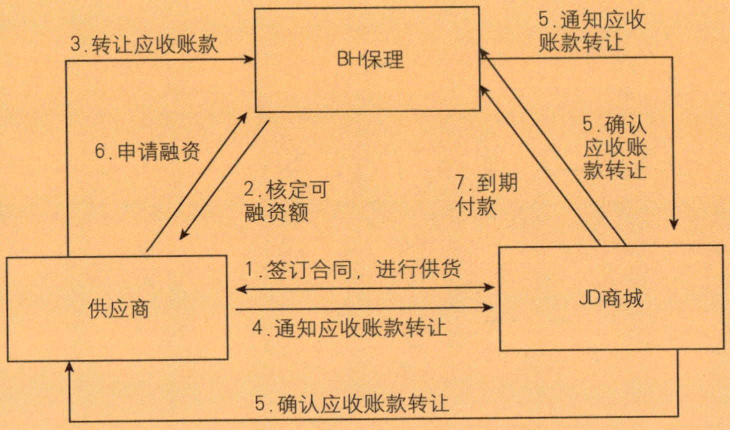

图 4-3　JD 商城具体保理业务流程

为降低自身资金占压，扩大业务规模，BH 保理公司希望基于 A 银行与 JD 商城银企合作的基础上，针对商业保理服务，为其提供再保理融资业务。即 A 银行受让 BH 保理公司转让基于供应商与 JD 商城产生的合格的应收账款，以供应商商业保理融资余额为基础，为 BH 保理公司提供再保理融资服务。鉴于 BH 保理公司开展合同的供应商数量众多，融资频率大，融资金额较小，账期普遍较短的特点，A 银行计划为其设计池融资模式办理业务。

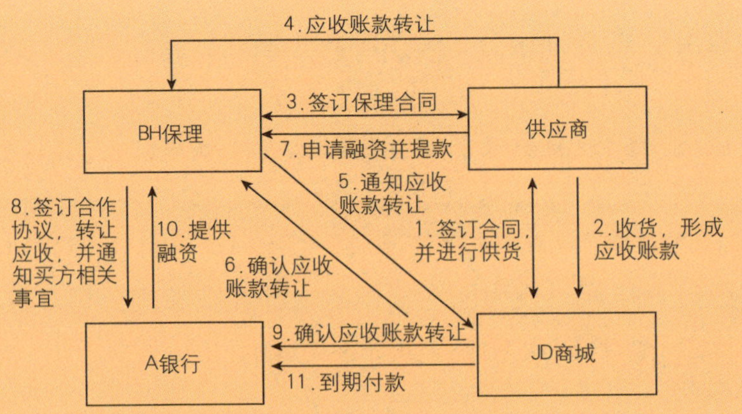

图 4-4　在商业保理的基础上，A 银行的工作流程

（三）业务流程

如图 4–4 所示：在商业保理（流程 1–7）的基础上，A 银行进行如下工作：

1. A 银行与 BH 保理公司签订再保理业务合作协议，根据其授信额度及预计业务量核定可融资额度，并在 A 银行融资系统中为 BH 保理公司建立应收账款池，双方签订资金监管协议，开立监管账户，用于基础交易项下回款封闭管理。BH 保理公司将供应商已转让的应收账款向 A 银行进行再次转让，并向 JD 商城寄送应收账款转让通知。BH 保理公司向 A 银行提供与供应商签订的商业保理合同、供应商与 JD 商城签订的销售合同与增值税发票（仅提供部分用于证明双方的合作历史记录）、商业保理业务余额明细、提款申请书等融资申请资料。

2. JD 商城向 A 银行书面出具应收账款转让确认书，确认 A 银行为基础交易项下的合法债权人，并保证将款项付至 BH 保理公司在 A 银行开立的指定账户。

3. A 银行根据 BH 保理公司提交的应收账款信息、商业保理信息、融资账期等基础要素及融资申请，A 银行在可融资额度内向 BH 保理公司发放融资，融资金额按商业保理余额 100% 发放。同时，根据融资余额与应收账款池中合适应收账款金额，判断 JD 商城回款是否需要偿还 BH 保理公司融资。

4. 如果供应商因自身原因提前归还 BH 保理公司的保理融资，或融资到期未能及时受偿，A 银行向 BH 保理公司反转让应收账款，并由 BH 保理公司偿还 A 银行融资。

第三节　云链保理

一、产品的提出

（一）云链保理的提出

云链保理，即通过云链平台与核心企业、商业银行系统的互联对接和信息交互，借助平台盘活核心企业优质信用资源，为融资企业（核心企业上游供应商或保理商，下同）持有的以云信（即《付款承诺函》）形式证明的应收账款债权，提供在线化的业务申请、放款和还款操作等线上化债权转让服务的一款无追索权保理融资产品。云链保理不仅提高了核心企业应付账款的清理效率，实现了降本增效，也满足了融资企业便捷、高效的融资需求，实现了产业和银行的协同发展，极大提高了大企业及其上游融资企业参与的积极性。

云链平台，即中企云链（北京）金融信息服务有限公司（以下简称中企云链）提供的在线融资平台。中企云链成立于 2015 年，由中国中车联合中国铁建、国机集团、金蝶软件等国有和民营企业联合组建而成，主要为资金供需双方提供对接服务，通过平台实现融资项目的产品导入、信息发布、登记托管、交易撮合和资金结算。云链再保理项下，中企云链以应收账款商业保理的形式受让“云信”，以再保理的形式将“云信”转让给银行金融机构并取得融资，从而将银行资金以安全、便捷、高效的方式引入产业链上游的中小企业。

云信，即《付款承诺函》，可通过以下几种方式拆分使用：一是通过多级流转完成与次级供应商的商务结算；二是通过在云链金融平台提交保理融资完成云信贴现；三是通过持有云信到期获取到期结算资金。供应商所持有的“云信”，通过拆分快速流转到供应链上其他中小企业，清理企业债务的同时，大幅降低了供应链的交易成本。同时，供应商也可以将持有的“云信”进行转让融资，可以实现 T+0 的融资。使用云信后，无论处于产业链的任何级次，中小企业供应商均可以利用云信可转移支付的特性，向其他中小企业流转核心企业云信偿付欠款，也可以向云链平台提出融资需求，实现精准融资。

（二）云链保理的典型特征

依托云链平台，在云信有效期内，融资企业将其持有的云信进行债权转让并据此开展的云链保理业务，具有区别于传统保理的显著特点：

一是交易便捷。融资企业将持有的云信转让给保理商或银行，转让及流转便捷，既不占用企业授信，也不占用企业保证金；银行资金可以直接对接，不涉及抵（质）押担保等烦琐手续，成本相对较低，费用相对较少。

二是融资快捷。基于真实贸易背景，在满足平台及银行审核准入条件的情况下，融资企业提供合同、发票等基础信息后，以其持有的云信作为债权转让还款保证，能够实现线上即时放款，且全部操作流程互联网化，最快 T+0 到账，相对于传统商业保理无论在融资便捷性还是融资效率方面都有大幅度提升。

三是配置灵活。中小企业可根据发展需求，灵活安排结算金额和配置期限，对持有的不同期限的云信进行到期结算或转让融资。因此，云链保理的单笔融资呈现出万元以下、几万元、几十万元等不同的金额，且五十万元以下的占比较高，可拆分、金额小的特点较好地解决了中小微企业的融资难、融资贵问题。

四是跨越地域。云链保理能够实现线上批量获客，获客能力升级，可以依据线上客户及其交易信息，将服务向线下延伸，带动挖掘更多的线下客户；同时，云链保理打破了地域限制，核心企业的上游供应商遍布全国，通过云信平台，将众多的产业链条以及围绕产业链的上游供应商联系在一起，真正具备了“一家做全国”的跨越地域的特点。

（三）云链保理的基本流程

云链保理平台以转化优质核心企业信用的“云信”产品为切入点，通过云信流转，实现整个供应链环节的降本增效。具体流程如下：

1. 基于《付款承诺函》，核心企业通过云链平台开立云信，确认回款金额、日期、路径，支付至上游供应商完成商务结算。

2. 持有云信的融资企业，按银行要求提交融资申请及相关的商务合同或保理合同（再保理业务项下）等基础性资料，发起融资业务申请。

3. 融资企业在线完成应收账款转让通知，并在中登网登记应收账款转让信息；其间，核心企业在线完成债权转让通知的确认。

4. 云信到期日，由核心企业对银行完成云信的债务清分，即完成保理融资的最终偿还。

二、产品的创新与发展

（一）云链保理（再保理）面临的融资难题

作为基于互联网化、核心企业集群化的在线化保理，云链保理实现了快速发展。但是，作为创新型金融产品，面临着授信难、监管严等诸多挑战。

1. 主体获取银行授信不易。

中企云链成立时间短，在传统银行的风控体系中，其公司评级不高、主体信用不够，难以获取银行强有力的综合授信支持。在已有的银行授信中，也存在审批复杂、流程烦琐等问题，难以适应公司的快速发展。

2. 贸易背景真实性调查审查不易。

商业银行办理保理业务，一般要求调查、审查贸易背景的真实性，即对转让债权及其转让人都设定严格的准入标准。云链保理项下，对于云信未流转时的应收债权，银行可以相应债权对应的贸易背景为审核对象。不同于票据背书转让，云链再保理之前的历次支付均存在贸易背景真实性的调查、审查困难。云链再保理业务项下，对于云信流转后的应收债权，商业银行一般以最后一手云信项下权利转让所基于的贸易背景为审核对象，仅对云信实际转让人及其贸易背景做到真实性审查。在监管趋严的形势下，存在贷前调查不到位的监管风险。

3. 全流程在线化的实现方式不易。

目前，商业银行与中企云链的系统对接，有多种系统互联和信息交互方案。但是，目前均无法实现全流程的业务申请、审查审批、合同签署、贷款支用的线上化操作。一方面，商业银行信贷业务的审查审批、贷款支用一般需要经过核心系统进行办理，基于安全性或传统授信管理的考虑，无法实现审查审批、支用的短、频、快；另一方面，系统之间数据传送、加密处理、转让通知及受让确认等环节，也存在着漏、错问题，在一定程度上影响了云链保理的效率。

（二）云信保理的创新途径

一方面，通过先进技术来实现云信的精准拆分与贸易背景的真实性审核，最终实现核心企业、融资企业、商业银行、中企云链的多方共赢；另一方面，创新商业模式，通过 ABS 等产品增强中企云链自身的金融服务能力。

1. 增强系统互联，加快资金周转。

一方面，通过与更多商业银行的合作与系统互联，实现技术和资金的优势互补，加快云链保理的资金周转；另一方面，保理公司在云链平台完成融资放款后，T+0 将受让的云信推送至商业银行完成再保理融资，进一步提高资金使用效率。

2. 创新产品模式，寻求资金协同。

对于大型核心企业，可依托财务公司或保理公司作为资金方，以双保理或自开自投模式，盘活集团资金，获取融资收益，实现核心企业与云链保理的优势互补与合作共赢。

3. 探索优质核心企业的 ABS 方式。

对于优质核心企业，基于其持续、稳定、安全的云信，及云信流转环节较为稳定的融资比例，探索设立资产证券化基础资产包，既能够解决 ABS 与保理资产的期限错配问题，又能够保证入池资产的足值与稳定。对 ABS 进行优先级、次级分层设计，优先级部分由核心企业认购，获取稳定产品收益；次级部分由中企云链作为原始权益人认购，在满足优先级权益人收益基础上获取基础收益，并在产品到期获取剩余收益。超额利差可通过资产证券化优先级产品票面利率略低于基础资产包加权保理融资成本的方式，实现增信支持。

第五章 金融科技与保理业务发展的深层融合及探索

金融科技强调的是金融和科技的结合，落脚点在科技，人工智能、大数据、互联技术、分布式技术和安全技术等底层关键技术在金融领域的应用日益深化。金融科技产业链图，完整描绘了整个金融科技生态，从科技支撑到成果转化，再到产业主体，最后到场景应用形成了完整的产业链。目前科技对于金融的促进不再仅局限于渠道等浅层次方面，而是开启了“金融 + 科技”的深层次融合。

一、金融科技行业发展现状

近几年，全球金融科技领域的融资持续升温，金融科技产业规模迅速增长，已经成为影响各国经济金融高质量发展的关键。传统金融中心和世界主要经济体纷纷制定政策，拥抱金融科技的发展，挖掘前沿技术中蕴藏的经济增长红利。从国际上来看，金融科技行业呈现由北美洲和亚洲引领的态势。

从国内金融科技发展情况来看，中国金融科技领域总投资额陆续增加，其中，北京、上海、深圳、杭州已成为中国金融科技发展重地，具有较好的金融科技发展前景与潜质，并相继出台金融科技支持政策与措施，支持金融科技发展。

二、金融科技在银行方面的应用

作为金融科技战场上的“主力军”，商业银行更加积极主动拥抱金融科技，构建多方共赢的金融服务竞合新生态。金融科技在银行业的应用已从以往的后台技术支持的角色，演变成金融服务创新发展的核心驱动力，持续推动银行经营管理向数字化转型发展，不断提升客户服务和风险防范水平。

商业银行积极运用金融科技重新定义金融资产的数字化处理规则、创新服务流程、降低风险控制成本，促进了自身转型升级和产品创新，拓展了金融服务的时空边界，未来有可能进一步推动银行业的商业模式、运营模式、服务模式，甚至是组织架构和企业文化的改变。

三、金融科技手段对商业银行创新发展的影响

（一）大数据技术的深入发展能够转变商业银行的经营思维模式

商业银行一直秉承“以客户为中心”的经营理念，在金融企业利用互联网平台拥有大量客户数据的同时，商业银行若要想设计出更加符合客户需求的金融产品，就必须利用大数据分析进行深度挖掘，了解客户需求、划分客户类型、优化客户服务。对于资产、负债和中间业务三大商业银行传统业务，通过大数据分析可以较为准确地预判业务发展趋势，尽早采取干预措施，趋利避害，增强盈利能力，实现业务良性发展。此外，商业银行还可利用大数据技术构建风险监控系统，对信贷交易进行监控，压减欺诈行为的发生概率，有效防范授信风险。

（二）区块链技术的应用能够简化商业银行的业务流程

在传统的银行业务中区块链技术在跨境支付结算、数字票据和贷款领域中得到广泛应用，它的去中心化及去信任等重要特征，使商业银行在进行实时交易过程中省去中间环节，有效缩短业务流程。区块链技术在银行业务的应用构建了规模大、成本低的信息网络，

在商业银行开创新商业模式方面提供了技术支持，并且通过减少潜在支出和运营投资推动了商业银行业高效发展。

（三）云平台的利用能够实现商业银行的资源优化

商业银行可以通过构建云平台，融合各种信息资源，再进一步整理分类，通过信息数据共享实现对资源的统一管理与调度。同时商业银行还可以通过云平台将信息资源和ERP（企业资源计划）系统租赁给其他金融机构，帮助金融机构合法获得相关企业详细的财务信息，对企业贷款的风险进行评估。此外，对于商业银行庞大的客户群体，云服务的应用实现了不同银行网点服务的资源共享。为了提高办事效率，客户随时随地可以通过互联网查找距离最近、客户最少的银行网点办理业务。商业银行与云平台的高效融合是当代银行业的发展趋势，是商业银行创新发展的必经之路。

（四）人工智能的普及能够提高商业银行的金融服务质量

金融业是人工智能应用的重要领域之一，而人工智能的普及将会完善商业银行的服务体系，提高服务客户的能力和质量。例如智能识别能快速辨别客户身份，智能机器人等能够回答客户的业务咨询，完成查询、办卡等基础工作，在提高工作效率方面起到巨大作用。此外，人工智能在商业银行常规业务运营方面也有体现，将基础数据、业务流程以及差错处理规则导入计算机系统，利用人工智能进行模拟分析并处理相关业务领域出现的问题，此类技术可应用在商业银行的投资、信贷、风控等诸多业务领域中，大大减轻业务人员的工作量，有效防控业务差错风险。人工智能在提高商业银行工作效率，拓展服务渠道的同时也为客户带来便捷和高效的服务体验，这也将进一步增强商业银行加快创新发展的积极性和主动性。

四、金融科技发展面临的挑战

金融科技发展前景广阔，但高速扩张下的安全风险和行业规范问题不容忽视。因此，金融科技发展也面临着诸多挑战：

（一）新技术带来了新型金融风险

金融科技的本质是金融，科技在推动金融创新发展的过程中，在某种程度上造成了新类型风险。比如，普惠金融业务的风险相对较高，新技术可以提升风险评估和定价的精准性，缓解信息不对称，能够降低传统的金融风险。但是，因为新技术应用对数据可得性和质量的高度依赖，风险评估会存在一定偏差，甚至出现"算法歧视"问题，带来业务风险、技术风险、网络风险的叠加和外溢效应，甚至产生新的排斥形式。对待新技术的态度，既不能唯技术主义，过高估计金融科技带来的效益，也不能因噎废食，缺乏前瞻性、战略性布局，而是应当将其放在更长的经济发展周期中审慎考察，在严格管控传统金融风险的基础上，迅速建立起新风控系统。

（二）新技术改变了传统金融市场运行方式

在交易层面，新技术推动了一般金融业务的表外化，也催生了新型金融业态，其法律关系不同于资产负债业务，风险很容易从金融机构扩散到公众。在市场层面，数据集中催生事实上的金融业跨行业、跨市场经营，在提高交易效率的同时，也增大了系统性风险。在跨境体系层面，金融科技也对监管的有效性构成挑战。比如，在全口径的跨境收支业务层面，现行的外汇指令银行系统是办理跨境收支业务的中间枢纽，是外汇管理数据采集的关键环节，对目前的监管体系构成了至关重要的基础性作用。

（三）新技术对现行监管体系提出挑战

对于监管而言，一个重要问题是如何在鼓励创新和控制金融风险之间取得平衡。新技术的发展不仅带来了新型金融风险，还带来了金融业务环节、商业模式的一系列变革。因此，从监管的角度来看，对有效的金融创新加以引导、对无效的金融创新加以限制便显得十分必要。在条件允许的情况下，加快监管工具创新，探讨创建"在风险可控的前提下测试金融创新"的新型金融监管工具，以此在防范金融风险的同时促进金融创新，从而不断提高消费者福利、提高金融体系的运行效率。

五、金融科技行业发展趋势

未来，金融科技会进一步发挥自身优势，为解决金融发展不平衡不充分问题提供更多新手段。

在行业发展方面，转型开放银行将成为银行业未来发展的必经阶段。过去几年，银行、金融科技初创企业和第三方服务公司一直在合作推出新的应用和服务。大型银行也在内部创建 API，并与小型金融科技初创企业合作，整合创新技术。未来，金融科技的不断发展会使传统垂直整合的银行价值链不断碎片化，金融“脱媒”趋势越来越明显，转型开放银行将成为银行业应对金融科技冲击的重要策略。

六、金融科技促进商业银行创新发展的建议

商业银行在探索金融科技的道路上也存在一些阻碍。比如，受到监管机构对商业银行系统安全性的限制，在加快科技创新方面商业银行普遍存在顾虑；各家商业银行尚不能对不同的客户群体真正提供差别化、定制化服务等问题也日益凸显出来。为此，针对商业银行如何有效利用金融科技实现创新发展提出以下可行性建议。

（一）加深“金融”与“科技”的融合，摆脱传统观念的束缚

加强对银行从业人员的业务培训，吸纳熟知国内外金融业务且精通计算机、网络技术的创新型人才，构建创新激励机制，激发行业内员工的科技创新热情。在经济全球化、贸易信用化、交易在线化、产业金融化和资产证券化的大背景下，近年来商业保理行业充分运用互联网、大数据等信息技术，与新经济和多项金融业务融合创新，展现出蓬勃的发展活力，为破解企业融资难、融资贵开辟了新的途径。

（二）利用金融科技搭建智能平台

弱化对金融实体场所的依赖，拓宽金融服务渠道，壮大客户群体，在保持支付结算、信贷融资等传统银行业务优势的同时，从技术方面入手，设计开发有别于传统银行业务之外的更具有当代特点、更贴近市场、更有市场竞争力的金融产品，打造全新的商业银行形象。

（三）利用金融科技应“量力而行”

制定明确的战略方针，根据商业银行自身的发展现状把控好对金融科技投入的力度，避免出现过分追求金融创新而造成投入与产出不匹配的现象。

（四）金融科技创新应遵守金融监管和现行法律的要求

保持金融监管与金融科技创新之间的平衡，在利用金融科技实现商业银行自我重塑的同时，也要不断适应金融监管升级的新形势。在被称为开放银行元年的 2018 年以来，越来越多的商业银行与金融科技公司进行合作，拓展金融业务种类，提升综合竞争实力。而商业银行的创新发展及智能化转型涉及技术、产品、成本、渠道、客户、服务、战略、理念和全局等多方面因素，展望未来，随着金融科技浪潮的不断壮大，金融科技助力商业银行转型已经成为银行业的普遍共识。在新平台、新经济的模式下，尽管商业银行仍会面对各种挑战，但只要合理利用金融科技进行创新，按照金融监管的要求，遵守金融法规，紧跟时代步伐，主动迎接大数据时代的金融变革，就一定能够发展成为更具时代特征、更便捷、更安全、更智慧的现代化商业银行。

七、金融科技促进商业银行创新发展的探索

（一）降低信息不对称

如何管理并经营好由信息不对称造成的企业信用风险，是金融

机构孜孜不倦的努力方向，比如诸多保理行业从业者聚焦某个核心企业，通过核心企业以点带面，力图充分获取上下游整体链条关键信息“物流、资金流、信息流、商流”。

比如充分尽调、多方交叉验证，试图全面了解信息，无数从业者都在试图消弭信息不对称所造成的风险问题并取得了一定成绩。诚然，信息不对称是永远无法消除的，但随着金融科技的发展，充分利用先进技术却可以在很大程度上提升供应链金融行业服务效率。

近年来的保理业务实践发展情况表明，通过线下方式无法大规模获取客户，这不仅体现在获客渠道受限，也体现在业务规模做大相关服务体系上的“跟不上”。随着互联网科技的发挥，通过抓住线上获客入口，差异化形成营销规模，提升线上产品体验，是在诸多同质化产品竞争中脱颖而出的重要策略，目前在线上化供应链金融创新领域，只有通过不断地创新和改进，企业才能顺应社会潮流发展，解决内部因素与外部因素产生的诸多问题，才能实现各方面利益的最大化。

（二）提高金融科技在保理业务中的运用

1. 表单电子化。

线下流程线上化的重要一环即协议表单电子化，如线上合同签署，PC（个人电脑）端或者移动设备端点击业务申请等，在技术实现上，越来越多的电子证据提供商参与到合同电子化这一领域。随着金融科技技术的发展以及相关法律法规的配套完善，表单电子化将逐渐成为未来行业发展的一大趋势。

2. 风控数据化。

大数据的科技应用魅力在于更高效地解决信息不对称问题，将企业经营背后的相关指标模型化，根据多维度的数据获取、加工、管理，在不增加金融机构人工成本和客户负担的情况下，更灵敏快捷地针对不同客户画像进行方案策略匹配。此外，在保理业务的日常风险控制中，随着金融科技大数据的发展，提供各种角度的数据信息和分析，帮助自动风险信号提示，并且可以根据既定的时间进行分析比对，以及同类企业的比较，及时发现问题，根据大数据提示有重点地分析和规避可能的风险。

3. 核验智能化。

保理行业的发展离不开商业信用环境的建设、政策法规的配套支持、行业成员对整体发展的良性促进等，而金融科技的发展，将会在更深层影响相关方面的变化，如何接受并拥抱金融科技的发展，秉持开放进取的态度去适应行业发展规律，是保理行业参与者的一大思考。

第六章 保理业务风险和管控措施

第一节 保理业务的风险

保理业务作为一种贸易融资产品，与传统的保理商信贷产品不同，其风险植根于贸易融资本身，风险类型主要包括信用风险、操作风险、市场风险、法律风险及合规风险等。

一、信用风险

信用风险是指交易相关方未能履行合同约定的义务而造成经济损失的风险，对于保理业务而言，交易相关方包括卖方、买方以及合作保理商，相应的信用风险也就主要存在于这三方主体中。具体表现为：

（一）卖方信用风险

卖方作为债权人，一般为保理业务申请主体，其资信水平、经营实力、财务状况、内控管理等方面均影响着其对基础交易的履约能力。在有追索权保理业务中，如买方应收账款到期不能正常支付，卖方还应当承担还款或回购责任。因此，如果卖方出现问题，将可能产生对保理商融资本息不能按期足额偿还的风险。

（二）买方信用风险

买方作为债务人，是应收账款的第一还款来源，由于买方资信或付款能力出现问题，导致买方拖延支付，恶意提出不合理交易纠纷拒绝支付，或买方信用付款能力出现问题无法全额支付交易款等，尤其对于无追索权保理业务，保理商对卖方没有追索义务，保理商因此会丧失第一还款来源并形成保理融资本息难以收回的风险。

（三）欺诈风险

欺诈风险是指买卖双方勾结或卖方单方通过虚构交易来使卖方获得保理融资，如伪造贸易合同、虚开发票、伪造物流、伪造回款等。由于并无真实有效的应收账款存在，因此也不存在买方作为第一还款来源的付款责任，保理商的融资款项能否收回完全取决于卖方能否自行清偿，从而造成融资难以收回的风险。

（四）合作保理商信用风险

1. 合作保理商风险。

双保理业务中，如果合作的买方保理商自身信用状况不够好，无法按时担保赔付或面临倒闭风险等，保理商的无追索权保理融资便面临风险；如果卖方保理商未严格审查保理项下买卖双方基础交易的背景真实性及对应的应收账款质量，对外转让存在贸易背景虚假、商业纠纷、法律瑕疵等重大质量隐患的应收账款，将给受让该应收账款保理商带来资金损失的风险。

2. 合作信保公司免赔风险。

信保公司只针对真实交易产生的应收买方货款的商业风险和政治风险承保，一旦超出保险责任的范围，保险公司免赔，保理商融资将面临无法获得保单赔偿的风险。另外，保险公司有时和卖方保理商对于赔付的解读与责任的认定会存在分歧，也会使得无法获赔的情况发生。

二、操作风险

操作风险是指保理商在开展保理业务过程中，由于内部控制不完善导致的保理业务不能正常回款的风险，具体表现为：

（一）交易背景真实性审核风险

保理业务操作前应关注交易背景真实性，审查业务可能涉及的交易合同、订单、发票、货运单据、提单、发货证明、报关单、工程决算单等各类单据的真实性，判断单据之间及与交易实务的逻辑关系是否合理，与前期调查时的单据是否有所变化及变化原因等，防止基于虚假或有瑕疵的交易开展业务，造成后期融资回收时出现风险。

（二）应收账款转让有效性风险

对于交易合同中有债权禁止转让的约定或存在应收账款允许被抵扣、已设定其他担保、已转让他人或实际已经由买方支付等情况，均会使保理商接受的转让债权有瑕疵。此外，若保理商未将应收账款转让的事实有效通知到买方，债权转让对买方不发生效力，保理商受让应收账款后不能对买方行使付款请求权。

（三）融资发放审核风险

在向卖方客户发放融资前，需要审核卖方、买方或合作保理商相关授信额度是否符合要求，融资发放的条件是否落实，融资金额、期限及比例是否合理，保理业务相关合同是否签署，之前融资及应收账款回款情况是否正常等。任一审核环节出现疏漏，都会影响到保理商的融资安全。

（四）间接付款风险

间接付款是指买方在应收账款到期后未直接将应付账款直接付至保理商指定的账户，可能是由客户信用风险或者无效通知造成的操作风险所致。间接付款的风险在于导致保理商失去对第一还款来源的主动监控及管理能力，使其陷于被动状态，如果出现卖方挪用回款资金且自身无法还款等信用风险，最终可能导致保理融资出现风险。

（五）系统操作风险

因保理业务系统操作人员信息录入不及时、录入错误导致保理业务信息缺失或错误，或因保理业务系统功能不完善而导致交易信息出现偏差等，将会影响保理商对该笔业务的内部决策分析和风险管理。

三、市场风险

市场风险是指因市场条件的不利变动而蒙受损失的风险。保理业务市场风险除传统的汇率风险、利率风险、争议风险外，2019 年以来国际贸易争端加剧，新冠肺炎疫情在全球蔓延，不稳定性的市场环境对保理业务发展造成了较大冲击，具体体现在：

（一）国际贸易争端与保护产生不利影响

2019 年以来全球贸易紧张局势加剧，在单边主义和保护主义抬头，贸易摩擦升级、非关税措施激增、地缘政治局势紧张等复杂多变的形势下，全球贸易大幅放缓且增长乏力，各地区及不同发展水平的国家进出口均有所下降。国际贸易的疲弱状态，对围绕贸易产生应收账款而开展的保理业务造成不利影响。

（二）新冠肺炎疫情下风险防控承压

2020 年新冠肺炎疫情在全球暴发蔓延，各国为防控疫情采取的停工停产、封国封城等措施，导致企业正常生产经营受阻，全球供应链受到较大冲击。尽管我国等部分国家已实现复工复产，但全球疫情形势仍存在诸多不确定性，全球经济可能陷入衰退，基础交易买卖双方违约概率上升，保理业务风险管控压力加大。

四、法律风险

新出台的《民法典》，专章规定了保理合同，填补了保理业务的法律空白，对防范保理业务风险起到了根本性改善作用，但由于条款规定相对笼统，配套司法解释尚未出台，仍存在不容忽视的法律风险，具体体现为：

（一）未来应收账款风险

《民法典》从法律层面明确未来应收账款可以叙做保理业务，然而关于如何界定未来应收账款，并未进行明确说明。在业务实践中，保理行业对于未来应收账款如何认定存在较大争议。特别是对于合同关系尚未发生的未来应收账款，由于不确定的因素较多，存在较高的到期违约风险。

（二）基础交易合同变更风险

《民法典》中明确了应收账款转让后，债权人和债务人无正当理由不得肆意变更或终止基础交易合同。但如何判断无正当理由，并无明确说明，司法实践中除了恶意的变更外，其他情形难以进行认定，仍存在保理商利益无法得到有效保护的风险。

五、合规风险

合规风险是指保理商因违反法律法规和监管规则等遭受经济或声誉损失的风险。近年来，国内和国际关于合规与反洗钱的监管政策和处罚力度不断加大，保理商开展保理业务时需要高度重视。具体体现为：

（一）国内监管趋严，处罚力度持续加大

为强化商业保理商合规经营，近两年监管机构在反洗钱、反欺诈、账户实名制管理、转账管理等方面进一步强化监管要求，出台一系列文件，明确保理商的反洗钱管理职责，要求将反洗钱工作嵌入到业务处理的全流程，强化客户及收益所有人身份识别管理。并

明确要求可以按次处罚金融机构。2019年以来受处罚的金融机构数量和金额显著增加，国内监管呈现“强监管、重处罚、严问责”的态势。

（二）国际反洗钱与制裁合规形势严峻

近年来，以经济制裁为重心，处罚力度和范围显著加大，对商业保理商参与或协助违法交易予以严惩等国际反洗钱形势已在全球范围表现为常态化，国内商业保理商在跨境业务中面临严峻的外部挑战和制裁风险。

第二节　保理业务的风险管控措施

保理业务风险管控应重点关注卖方自身资信和对基础交易合同的履约能力、买方的付款能力和付款意愿等。相对贷款而言，保理业务更加强调全过程动态监控和精细化管理。保理商应通过制定完备的业务管理办法和操作规程，指导与规范前期调查、融资发放及后续管理等各业务环节，有效防范业务风险。

一、加强尽职调查，防范客户信用风险

（一）做好业务前期的客户调查

保理业务开展前，保理商要对买卖双方信用资质及其还款和付款意愿进行全面尽职调查。包括对买卖双方的资产负债情况、流动性和盈利能力、营运能力等财务状况及相关指标进行分析，重点关注应收账款资产情况；对宏观经济形势、行业信息及企业行业地位、企业结构、股东及管理层情况、内控及公司治理、企业发展战略、财报披露的其他非财务信息进行分析等，从而综合判断买卖双方的资信能力和履约能力，选择满足准入标准的客户办理保理业务。

（二）确保应收账款的合法有效性

应收账款是保理业务的核心要素，保理商对卖方转让的应收账款，应重点关注和审查的内容包括但不限于：应收账款为卖方合法所有并依法可以转让，没有禁止或限制其转让的约定或规定且未被转让给第三方；权属清楚且未涉及违约、争议或异议；不属于寄售、试用、行纪、代销等合同形成的应收账款；卖方已履行基础交易合同项下的义务；买方未发生延期清偿、不足额清偿或不予清偿；买方不存在无力偿还其到期债务，或被宣告破产、解散、清算或正在进行相关的诉讼程序等情形。

二、完善内部管理，防范业务操作风险

（一）加强交易背景真实性审核

开展交易背景真实性审查，防止恶意骗取融资，是保理业务风险防控的重点。具体包括：收集买卖双方业务开展及历史交易情况，判断基础交易是否符合交易惯例；开展实地调研，了解客户实际生产经营情况，评估基础交易是否与实际经营情况相匹配；审核合同、发票及相关单据的真实有效性和逻辑合理性，如合同标的、金额、付款方式或日期等相关条款是否明确约定，发票的相关要素是否与交易合同、货运单据一致，货运单据的运输方式、包装等是否符合合同约定等。

（二）重视应收账款管理工作

保理融资发放后的应收账款管理至关重要。保理商通过对应收账款金额、买方集中度、账龄、周转率等进行分析，向卖方提供销售分户账管理及应收账款咨询等服务，能够实时动态了解买卖双方经营情况与未来发展趋势，及时发现风险隐患；通过应收账款对账与催收，能够尽早保证资金回收，同时有助于第一时间从买方处获得卖方是否构建虚假交易、是否已经收到回款但自行挪用等风险；

通过应收账款回款管理，实时监控回款账户内资金动向及是否出现间接付款等回款风险。

（三）做实应收账款转让登记

应收账款转让完成后，保理商应及时办理应收账款转让登记，办理转让登记时需注意：一是严格查询中国人民银行保理商征信中心动产融资统一登记公示系统登记信息，在发现应收账款上已存在转让登记时，应要求置换应收账款；二是登记时应尽量做到特定化，比如登记时写明受让的系某债权人基于某合同项下自 × 年 × 月 × 日至 × 年 × 月 × 日形成的对某债务人享有的应收账款债权。

（四）完善保理业务系统操作

一方面，保理商应建立有效的保理业务系统，实现保理业务管理的效率化和精细化，降低操作风险；另一方面，保理商应加强员工系统操作培训，使员工熟悉系统的操作流程，从源头上避免潜在的操作风险事件；同时应做好内部系统之间的对接，确保业务信息能够及时、准确地在内部管理系统进行记录，有利于保理商开展有效的风险管理。

三、调整发展策略，积极应对市场风险

突如其来的新冠肺炎疫情，对全球经济产生深远影响，在当前经济内循环为主的发展格局下，保理行业需要主动调整应对策略。积极运用科技金融技术，推动保理业务逐步实现线上化、智能化、便捷化，提升保理业务服务质量和效率；积极开展双保理、再保理、保理资产证券化等业务创新，加强同业合作，防范信用风险。同时，保理商应充分发挥保理业务供应链融资优势，缓解中小企业“融资难、融资贵”问题，切实服务实体经济。

四、加强民法典学习，明确司法救济规则

《民法典》合同篇保理合同章等相关条款正式成为法律，标志着

保理业务实现了从无名合同到有名合同，从依债权转让一般规定到有专门法律条款可依的历史性突破，这是立法层面对保理业务的肯定。同时，保理合同章针对行业发展痛点明确相关规则，对拓展保理业务发展空间、防范行业风险具有重要意义。保理从业人员应加强对《民法典》的学习，及时关注后续配套出台的司法解释、监管规定等，在司法实践中正确运用法律法规的相关规定，做好业务违约时的司法救济。

五、强化合规经营，防范监管制裁风险

保理商应结合监管要求，将客户身份识别、客户及产品洗钱风险评估、制裁风险防控等合规管理要求全面嵌入内部保理业务制度流程中，制定细化的操作规程，在尽职调查、合同签订、账户开立、发放支付、融资后监管等各业务环节落实反洗钱监管的相关要求，进一步强化跨境国际保理业务的反洗钱合规管理措施，避免因国际制裁带来的经济及声誉损失。

第三节 司法判例分析

作为新中国成立以来第一部以“法典”命名的法律，作为新时代我国社会主义法制建设的重大成果，2020 年 5 月 28 日，经十三届全国人大第三次会议表决通过，将于 2021 年 1 月 1 日开始施行的《中华人民共和国民法典》首次纳入“保理合同”相关规定，明确了保理合同的概念定义、基本交易结构与当事人之间的法律关系、债权的清偿顺位等内容，使之成为金融机构依法办理保理业务，服务实体经济的法律保障。

鉴于《民法典》“保理合同”即将施行，本章将通过以往保理合同纠纷的相关案例，结合原有《物权法》《合同法》等相关法律、制

度进行案例分析。供后续商业银行依据《民法典》相关法律开展保理业务借鉴参考。

一、应收账款确权与表见代理

应收账款转让事实的确认，是保理银行决定办理保理融资的重要依据，而应收账款转让事实的确认，也是绝大多数保理合同纠纷的争议焦点。司法机构在审判相关案件时，除了根据《应收账款转让确认书》中债务人印鉴的真伪判定确认行为的有效性，同时，也根据应收账款确权行为的经办人是否具有合法授权来判断其确权行为的有效性。

经办人代理应收账款债务人进行确权的，应当被授予合法的代理权限，否则其确权行为无效。而保理银行则无法准确判断经办人是否属于合法代理人，但是在表见代理的情况下，代理人的越权代理行为被认为合法有效。所谓表见代理即是：虽然行为人事实上无代理权，但相对人有理由认为行为人有代理权而与其进行法律行为，其行为的法律后果由被代理人承担的代理。

案例 1：S 保理公司诉 Z 集团某分公司、R 公司其他合同纠纷案。

原告：S保理公司（保理商）

被告1：Z公司（债务人）

被告2：R公司（债权人）

案情：S保理公司于2015年9月与R公司签署《保理业务合同》，约定R公司向S保理公司转让其对Z公司项下因工程合同所产生的应收账款，以申请办理保理融资。同日，R公司向Z公司出具《债权转让通知书》，并获得Z公司加盖印鉴的确认回执，S保理公司遂办妥相关开贷手续后，向R公司发放保理融资。融资期届满，S公司未收到Z公司付款，R公司也未回购融资所对应的应收账款，故向法院提起诉讼，要求Z公司清偿融资对应的到期应收账款，要求R公司回购融资对应的应收账款。

Z公司辩称：《债权转让通知书》回执所盖印鉴系伪造，并非Z公司当前所用印鉴，系Z公司前任法人代表周某私刻印鉴所盖；Z公司与R公司之间所谓应收账款并不存在，R公司从未就涉案应收账款所对应的工程合同进行履约；本案所谓工程合同、商业发票、历年基础交易资料，也系周某与R公司串通伪造，系其个人行为，S保理公司未严谨审核相关材料发放保理融资，Z公司不应承担本案应收账款的清偿责任。

经法院查明：根据S保理公司所提供的Z公司与R公司之间历年的基础交易合同、Z公司向R公司出具的商业承兑汇票等材料显示，上述材料中Z公司的印鉴与涉案工程合同、《债权转让通知书》回执的印鉴一致，可以认定S保理公司凭借上述材料，足以相信《债权转让通知书》回执是真实的；S保理公司在融资发放前，已审核R公司提供的其与Z公司之间的工程合同、商业发票等资料，结合上述回执，足以作为S保理公司相信应收账款真实存在的依据。经传唤Z公司前任法人代表周某，承认本案《债权转让通知书》回执系其本人在任职期内亲自加盖，S保理公司、R公司工作人员当时也在盖章现场。法院认为：鉴于S保理公司根据相关资料相信应收账款真实有效，进而与R公司开展保理融资业务，符合常理，未有明显疏于审核指出，即使争议应收账款系伪造，在受欺诈而订立合同之时，S保理公司并未撤销《保理业务合同》，可认定该《保理业务合同》合法有效；Z公司并不能提供进一步证据证明涉案回执的印鉴系伪造，且周某在确认回执当时，确系Z公司法人代表，足以使S保理公司认为，周某的盖章确认事实具有代表Z公司真实意思的合法效力。故，依据《中华人民共和国合同法》第四十九条、第五十条及其他相关条款，判令：R公司承担S保理公司对其发放融资本息的清偿责任；Z公司依据《债权转让通知书》回执中所承诺的付款义务，对R公司向S保理公司的付款义务承担共同还款责任。

案例启示：本案中，争议焦点系《债权转让通知书》回执的真实性，尽管并没有充分证据证明回执中印鉴的真伪，但是，根据《中华人民共和国合同法》第四十九条“行为人没有代理权、超越代理权或者代理权终止后以被代理人名义订立合同，相对人有理由相信行为人有代理权的，该代理行为有效。”周某作为Z公司的法人代表，足够使S保理公司相信，由其亲自盖章的《债权转让通知书》回执是真实有效的，系Z公司的真实意思表示。周某的行为，符合表见代理的构成要件。同时，《中华人民共和国民法典》第一百七十二条规定“行为人没有代理权、超越代理权或者代理权终止后，仍然实施代理行为，相对人有理由相信行为人有代理权的，代理行为有效。”依然认定表见代理行为对相对人造成损失的，该代理行为依然有效，被代理人须承担相应代理行为的后果与责任。

保理合同所涉及的相关活动，系法人组织间的法律行为，由其所合法授权的自然人负责实施。保理银行在向应收账款债务人确认应收账款转让事实时，应当负责鉴别债务人方的经办人是否具有相关代理权限。至少，应当能够证明经办人的行为构成表见代理的法律要件。本案中，同样是应收账款债务人的工作人员“伪造印鉴”，但是在客观层面，一般认为，企业的法定代表人或相关负责人是具有公司充分授权，在权限范围内对外代理行使相应法律行为的，并且S保理公司在主观上有理由相信周某作为Z公司的法人，具有全权负责企业日常经营事务的权利，周某的行为受到《中华人民共和国合同法》第五十条“法人或者其他组织的法定代表人、负责人超越权限订立的合同，除相对人知道或者应当知道其超越权限的以外，该代表行为有效”的约束。

二、应收账款转让与质押的权利冲突

根据《中华人民共和国物权法》第二百二十三条、第二百二十八条规定，允许应收账款债权设定抵押，但是，在《中华人民共和国民法典》颁布之前，并未明确规定应收账款转让的生效条件，因此，在同一应收账款对外既设定质押、又设定转让时，则容易产生冲突，从而导致法律纠纷。为了明确对应收账款的求偿顺位，本次《中华人民共和国民法典》第四百四十五条“以应收账款出质的，质权自办理出质登记时设立”。第七百六十八条“ 应收账款债权人就同一应收账款订立多个保理合同，致使多个保理人主张权利的，已经登记的先于未登记的取得应收账款；均已经登记的，按照登记时间的先后顺序取得应收账款；均未登记的，由最先到达应收账款债务人的转让通知中载明的保理人取得应收账款；既未登记也未通知的，按照保理融资款或者服务报酬的比例取得应收账款。”明确了应收账款权利，无论是出质、还是转让，均以登记时作为生效依据，权利人主张权利的，应当以“登记在先”原则确立优先权利。

《中华人民共和国民法典》第五百四十六条“债权人转让债权，未通知债务人的，该转让对债务人不发生效力。”在法理上，应收账款债权转让，属于应收账款的债权人发生变化，因此须通知债务人履行债权的对象已作变更，而应收账款质押因债权人未发生变化，故无须通知债务人。因此，保理商除了须及时做好应收账款转让登记之外，还应当适时通知应收账款债务人相关转让事项。

案例2：建设银行诉H有限责任公司、P有限责任公司借款合同纠纷案。

原告：建设银行（保理银行）

被告1：H公司（债权人）

被告2：B公司（债务人）

被告3：P公司（保证人）

案情：原告建设银行诉称，2012年9月，建设银行与被告H公司签订了《有追索权国内保理合同》，约定以B公司赊销拖欠H公司的应收账款债权向其申请保理融资，建设银行按约发放融资1 200万元，同时与P公司签订《保证合同》约定P公司对保理主合同项下全部债务承担连带保证责任。现H公司在保理融资到期时，因经营不善，无法按约偿还融资本息，故诉请法院判令：1.H公司承担《有追索权国内保理合同》项下融资本息的清偿义务；2.B公司应向原告承担应收账款项下债务的清偿义务；3.保证人P公司承担《保证合同》项下对应主债权的保证责任。

被告H公司辩称：认可原告所诉。但原告所称B公司赊销项下的应收账款，已由被告在2012年10月另行质押给昆仑银行用于办理融资。故，H公司已无法用已转让的应收账款归还建设银行保理融资，要求P公司履行保证义务。

经法院审理查明： 2012年9月建设银行与H公司签订《有追索权国内保理合同》后，同时对涉及的17份发票账款在中国人民银行征信中心进行了应收账款转让登记，并与P公司同日签订了《保证合同》，建设银行于2013年6月向B公司发出《应收账款债权转让通知书》，并未获得B公司回复。H公司另涉及与昆仑银行借款合同纠纷案，经受理法院另案判定，2012年10月昆仑银行与H公司因借款合同所签订的《质押合同》约定，以H公司对P公司的应收账款合计2 687万元作质押，为昆仑银行与H公司的借款作质押担保。该《质押合同》有效。该《质押合同》涉应收账款债权与建设银行受让的涉案应收账款债权为同一债权。以上事实由相关保理合同、保证合同、(2014)陕民二终字第00115号判决书等证据在卷佐证，足以认定。

法院认为： 构成保理法律关系，应当以债权转让为前提。在本案中，原告建设银行与H公司虽然签订了保理合同，但被告H公司已经于2012年10月将涉案应收账款质押给昆仑银行，该质押被陕西省高级人民法院(2014)陕民二终字第00115号判决书认定有效，故在本案中，被告H公司转让给建设银行的应收账款无效。双方之间实为借款合同法律关系，并非债权转让关系。故，依据《中华人民共和国担保法》《中华人民共和国物权法》之规定，判令：1.由H公司向建设银行清偿保理融资对应的借款本息及涉案费用；2.P公司承担涉案债务的连带保证责任；3.驳回原告其他诉讼请求。

案例启示： 本案中，尽管建设银行获得借款人H公司、保证人P公司受偿，但是在应收账款转让与质押的争议中，鉴于案件当时的法律环境，法院所能援引的法律条款有限。根据《中华人民共和国物权法》第二百二十八条“以应收账款出质的，当事人应当订立书面合同。质权自信贷征信机构办理出质登记时设立。应收账款出质后，不得转让，但经出质人与质权人协商同意的除外。”《中华人民共和国合同法》第八十条“债权人转让权利的，应当通知债务人。未经通知，该转让对债务人不发生效力。”法院认为，建设银行尽管及时对应收账款转让作出登记，但是其通知债务人的时间晚于该应收账款出质时间，该转让对债务人无效，债务人B公司并无向建设银行支付应收账款对应款项的义务。同时，《合同法》仅对应收账款出质作出登记生效的规定，并未明确规定应收账款转让是否需要登记，也并未对应收账款先转让后质押情形下的优先权予以规定，故，仅能依法判令该应收账款转让无效，应收账款质押权利有效。按照债权转让原则，应收账款转让未及时通知债务人的，债权转让处分行为不得对抗善意第三人，昆仑银行作为质权人可以基于善意取得原则取得质权，对应收账款享有优先权。

本案中，尽管建设银行在受让应收账款同时作了转让登记，但是在保理业务的实际操作过程中，为了防范相关风险，保理银行应当在贷后管理过程中，定期查询已受让应收账款的登记信息，对于发生应收账款受让后另有质押/转让登记信息的，须及时向应收账款债务人发送转让通知；或在保理融资发放前，对应收账款回款路径办妥有效监控措施。

三、有追索权保理的权利主张

以往，保理银行在办理保理业务时，法院往往根据案情，多将保理银行与应收账款债务人之间的纠纷作为“债权转让合同纠纷”立案审理；将保理银行与应收账款债权人（即，借款人）之间的纠纷作为“借贷合同纠纷”立案审理。保理银行须对于同一案情下的纠纷分别提起诉讼，不利于保理银行立即对涉案财产进行保全，延缓了诉讼时效，也浪费了司法资源。仅有少数法院在相关案件中，由保理银行将应收账款债务人、债权人作为同案被告共同审理。

而在保理业务类型中，有追索权保理合同约定：保理商有权向应收账款债务人追索应收账款债权，一旦应收账款由于债务人物理清偿等原因无法收回，保理商同时也可要求应收账款债权人回购已转让给保理商的应收账款债权。作为同一合同下约定的法律条款，在没有相关法律规定可引用的情况下，法院只能依照合同条款的文义，判断当事人之间的合同关系，从而确定案由。若保理银行对应收账款债权人的追索权利表述为“要求应收账款债权人清偿应收账款所对应的融资本息”的，法院则认为保理银行与应收账款债权人之间系融资借贷关系；若保理银行对应收账款债权人的追索权利表述为“要求应收账款债权人回购所转让应收账款债权”的，法院则认为保理银行与应收账款债权人之间为债权的“转让”与“反转让”关系，适用债权转让纠纷的案由，则可将应收账款债务人、债权人并案审理。

案例3：S公司诉北京银行、H公司保理合同纠纷案。

上诉人：S公司（债务人）

被上诉人1：北京银行（保理银行）

被上诉人2：H公司（债权人）

案情：2012年11月，北京银行与H公司签署《有追索权保理额度主合同》，约定受让以H公司与S公司之间基础交易所产生的应收账款约3 700万元，向H公司发放保理融资3 000万元。同月，北京分行根据H公司提供的基础交易合同、应收账款所对应的增值税发票等资料，以及S公司对上述应收账款转让所签署的《应收账款转让确认书》等资料，办妥贷前手续，为H公司发放保理融资3 000万元。因保理融资到期时，北京银行未收到S公司的应收账款回款，且H公司也未清偿到期融资本息，故向法院起诉S公司、H公司保理合同纠纷案。经一审法院裁定：S公司应向北京银行支付应收账款债权本金；H公司对上述应收账款给付事项的范围内承担应收账款回购责任。S公司不服判决，遂提出上诉。

S公司辩称：H公司与S公司涉案基础交易合同，因H公司未履约出售货物，故S公司对H公司不存在所谓应收账款；北京银行因受让本案应收账款债权，成为基础交易合同的当事人，系买卖合同关系发生的争议，一审案由为保理合同纠纷，法律适用不恰当。请求法院撤销原一审判决书中，“S公司应向北京银行支付应收账款债权本金”的决定。

二审法院认为：经查明北京银行与H公司签署的《有追索权保理额度主合同》合法有效，应适用保理合同纠纷案由。且在融资发放前，北京银行已充分审核基础交易项下的合同、发票等单证资料，并获得S公司加盖有效印鉴的《应收账款转让确认书》，足以使北京银行认为该基础交易所对应的应收账款真实存在。故依据《中华人民共和国民事诉讼法》判决：维持一审判决结果；变更一审判决中“H公司对上述应收账款给付事项的范围内承担应收账款回购责任”事项为“H公司对上述应收账款给付事项范围内承担应收账款回购责任后，北京银行应当将应收账款债权及其相应权利返还H公司。”

案例启示：当前，根据《中华人民共和国民法典》第七百六十六条“当事人约定有追索权保理的，保理人可以向应收账款债权人主张返还保理融资款本息或者回购应收账款债权，也可以向应收账款债务人主张应收账款债权。保理人向应收账款债务人主张应收账款债权，在扣除保理融资款本息和相关费用后有剩余的，剩余部分应当返还给应收账款债权人。”已明确了在保理合同纠纷中所应当承担的责任，作为有名合同，则可以认为，在保理合同纠纷案件中，保理商、应收账款债务人、债权人作为同一案件、同一案由的当事人，可并案审理。

但是，民法典保理合同编的相关条款，并未明确在审理保理合同纠纷案中，如何针对保理商、应收账款债务人、应收账款债权人之间的纠纷予以立案。若根据保理合同条款的文义，可以认定有追索权保理业务中，保理商、应收账款债务人、债权人可并案审理。那么对于无追索权的保理业务，是否能够依据保理合同系有名合同，将保理商、应收账款债务人、债权人并案审理？有待民法典生效后，按照相关司法解释、司法实践经验提供判例依据。

四、未来应收账款的转让

《中华人民共和国民法典》第七百六十一条“保理合同是应收账款债权人将现有的或者将有的应收账款转让给保理人，保理人提供资金融通、应收账款管理或者催收、应收账款债务人付款担保等服务的合同。”将未来应收账款概念纳入保理合同范畴，而现行《商业银行保理业务管理暂行办法》第十三条规定，禁止商业银行办理未来应收账款项下的保理融资业务。

关于未来应收账款，一般认为分为有基础交易背景的应收账款与无基础交易背景的应收账款。有基础交易背景的未来应收账款主要包括：未到期的（融资）租赁合同、未竣工的工程合同，收费权对应的服务合同以及卖方正在履约且未到期的框架性商务合同所对应的未来应收账款。此类应收账款，尽管尚未处于履约完成的状态，实际应收账款尚未形成，但是已具备将来发生可能性的较高概率，同时，作为应收账款关键要素的履约条款，债权人、债务人名称、应收账款标的金额均已基本确定，属于在一定条件下可以实现的应收账款。

在市场环境下，作为租赁合同、大型工程/设备制造合同，长期购销框架性合同等，由于其履约期限较长、合同标的较大，应收账款债务人需多次按基础交易进度付款，对应收账款债权人而言，其资金周转压力较大，凭此类合同申请保理融资的意愿也较为强烈。作为保理商，为了与客户形成长期合作关系，在同业竞争中形成排他性优势，往往会将客户一定期限下全部应收账款债权，包括未来应收账款债权，为其提供保理融资服务。

而为了维护金融秩序稳定，有效防控金融风险，未来应收账款作为基础交易项下违约风险较高的应收账款，确也容易成为保理融资发生风险的主要原因。

案例 4：光大银行诉 L 公司、D 公司借款合同纠纷案。

原告：光大银行（保理银行）

被上诉人1：L公司（债务人）

被上诉人2：D公司（债权人）

案情：2013年2月，光大银行与D公司公司签署《有追索权国内保理业务合同》，约定受让D公司与L公司之间在保理业务合同有效期内，因基础交易所产生的应收账款，并据此向D公司发放保理融资。同日，光大银行、D公司、L公司三方签署《应收账款债权转让三方协议》并约定：1.依据光大银行与D公司所签署的《有追索权国内保理业务合同》，将D公司与L公司未来因购销货物产生的所有应收账款全部转让给光大银行；2.D公司所签发的应收账款对应的商业发票须经L公司确认后，D公司方可向光大银行申请融资；3.该合同自《有追索权国内保理业务合同》终止之日终止。

2013年8月，D公司向光大银行转让其对L公司的应收账款债权，得到L公司认可后，由银行办妥贷前手续并发放融资。2014年2月，融资到期，D公司表示因经营恶化无力偿付融资本息，L公司也表述无法支付应收账款。光大银行遂于2014年向法院起诉，要求法院判令：L公司与D公司向光大银行共同该承担上述融资债务的全部本息。

L公司辩称：所签署的《应收账款债权转让三方协议》系未来应收账款，根据2014年颁布的《商业银行保理业务管理暂行办法》第十三条规定，不属于商业银行可以开展的保理业务范围；D公司所开立的商业发票，后续已被D公司作废，即应收账款不存在；D公司在业务办理中虚构应收账款，应承担主要责任。

经法院查明：1.在光大银行与D公司签署的《有追索权国内保理业务合同》条款中，关于应收账款的范围列明：卖方所转让给银行的应收账款须为正常合法交易所产生的、卖方合法所有的可转让、无权利瑕疵的、卖方已按基础交易履行发货义务并继续履行基础交易义务的。三方当事人签署的《应收账款债权转让三方协议》中约定D公司针对应收账款开具的商业发票须得到L公司的确认后，方可办理融资业务。D公司在提供了相关货物收据、商业发票，并得到L公司的确认后，光大银行才为其办理融资，足以证明该应收账款债权合法有效、已经真实存在，不属于未来应收账款。2.《商业银行保理业务管理暂行办法》系行政规章，并非法律、行政法规，且施行时间晚于涉案业务发生时，不影响《有追索权国内保理业务合同》及其配套相关合同的法律效力。3.D公司开具商业发票后作废，但是发票所对应的应收账款已获得L公司确认，且光大银行已对应收账款对应的货物收据等相关单据进行审查，履行了审慎义务，应当认为当事人均已确认应收账款债权真实存在、合法有效。4.L公司诉称应收账款虚假，但在融资发放前予以确认，使光大银行误信为真，导致保理融资本息受损，应当承担过错责任。故，根据《中华人民共和国合同法》第五十四条、第五十六条、第五十八条、第七十九条、第八十条，判决如下：L公司向光大银行全额清偿涉案应收账款；D公司对L公司所须清偿的应收账款金额承担共同清偿责任。

L公司不服，提起上诉，二审法院经审理查明后，维持原判，驳回L公司上诉请求。

案例启示：本案中，光大银行尽管受让了D公司的未来应收账款，但是在业务操作过程中，实际约定须待其开具经应收账款债务人确认的商业发票后，再为其办理融资，已将未来应收账款债权变现，实际也并未违反《商业银行保理业务管理暂行办法》第十三条“商业银行不得基于不合法基础交易合同、寄售合同、未来应收账款、权属不清的应收账款、因票据或其他有价证券而产生的付款请求权等开展保理融资业务。”

第七章 保理业务的发展建议与展望

党的十九大以来，我国经济结构继续朝着优化、调整、升级的方向发展，先进制造业、高技术产业、现代农业和战略性新兴产业提速增效，其中蕴藏了丰富的保理业务资源。同时也应注意到，近年来我国各类型企业应收账款余额逐年增加，其中民营企业、小微企业应收账款周期长、回收慢的问题仍然比较突出。根据国家统计局公布的数据，2019 年我国规模以上工业企业应收票据及应收账款数据达 17.4 万亿元，同比增长 4.5%。因此我国还有规模巨大的保理业务需求有待商业银行去拓展和渗透。特别是在 2020 年新冠疫情全球暴发、国际贸易形势错综复杂、国内经济增长放缓的背景下，党中央、国务院以及监管机构发布一系列政策指导商业银行积极支持企业复工复产、畅通产业链资金链条，促进国际、国内经济的双循环，为商业银行拓展保理融资业务提供了新机遇。

一、发展建议

（一）国家向银行开放与共享相关政务信息

一方面，建议政务信息公开共享范围包括但不限于工商、税务、海关、房屋销售（预售）和抵押、政府财政预算及收入和负债、政府集中采购、招投标等方面。另一方面，建议对分散在地方省区市的信息进行整合，并形成格式化数据，提高政务信息应用便利性，便于银行检索查询，助力银行开展金融服务，提高风险防控水平。

（二）进一步优化应收账款登记功能

目前银行主要通过中国人民银行征信中心中动产融资统一登记平台对交易项下应收账款进行查询和登记，从而防范基于同一贸易背景的重复融资。建议中国人民银行进一步优化应收账款转让/质押登记功能，提供标准化的登记字段以及相应的查询功能，帮助银行有效识别应收账款唯一性和有效性，有利于商业银行提高业务营销和风险防控水平。

（三）持续运用金融科技拓展产业链保理业务资源

银行需持续强化与核心企业平台及合作方数据平台的信息交互，依托大数据技术收集和整合产业链交易过程动态信息，根据数据变化分析掌握企业生产经营及产业链整体变化，帮助降低产业链保理服务的成本的同时，提高整体风控能力。充分利用区块链分布式记账技术，将产业链中核心企业、上下游客户和银行等各环节串联起来，及时共享交易过程中涉及的交易数据、应收数据、应付数据、电子账单流转等数据，同时通过加密账本技术设置相应权限，在保证数据共享和真实的情况下，有效保护客户隐私。

（四）银行间加强协调联动，共同推动双保理发展

尽管当前经济全球化发展趋势受阻，但全球产业链深度融合已是不可逆转的客观事实。全球疫情快速蔓延态势下，主要经济体的休克将会通过产业链进一步影响我国企业生产经营活动。我国只有统筹兼顾国内和国际两个市场，才能切实保障国内经济活动的可持续性。商业银行应充分发挥已形成的遍布全球的机构布局优势，加强银行间的协同联动开展进出口双保理业务，客观审慎评估新形势下境外交易对手的资信状况与履约能力，力保我国境内企业与境外企业应收账款按时收回，巩固并提升我国在全球产业价值链中的地位。

二、趋势展望

（一）穿透化

近年来以中企云链、金网络等为代表的金融科技公司依托股东产业龙头的资源整合能力，创新推出平台型保理业务，通过可拆分、可流转、可融资的云信或航信，来有效解决产业链末端企业的融资需求。商业银行顺势拓展平台型保理业务，通过平台有效获取产业链上真实交易信息和风险控制手段，以多级穿透方式批量解决平台上多级供应商的保理融资需求，对普惠金融业务的发展起到了积极的促进作用。

（二）智能化

“无接触”式线上银行成为疫情时期金融服务主渠道，也必将进一步推进未来银行加速线上化变革。随着金融科技的发展，传统的线下审批模式已越来越不适应新型业务发展的需要，商业银行需创新数据模型进行智能审批决策，这将是保理融资发展的重要趋势。而且，商业银行具有风险控制的专业优势，对智能化审批的融资业务，可发挥分支机构专业信贷队伍的资源条件，辅助进行贷后监督管理，进而实现“天网”与“地网”的有机结合。

（三）产融协同化

随着企业供应链经营意识的提升，一些核心企业开始自建保理公司涉足保理业务，使得商业银行与产业龙头企业转变为合作竞争关系。近来，这种局面开始发生转变。企业在理性回归主业，并通过强化与银行合作来提升保理融资服务能力。主要原因是在供给侧结构性改革背景下，央企、国企“去杠杆”“降两金”考核压力增大。一些央企通过整合内部数据资源，成立供应链信息平台与银行开展深度合作。而一些大型民营企业经过初创期和多元化扩张阶段后，在经济新常态下对涉足金融高风险和过度多元化经营风险的认知越来越深刻，因此能以更加理性和开放的心态，谋求与银行进行专业化合作，以保障供应链资金稳定，进而构筑在未来不确定经营环境下企业自身独特的竞争优势。

（四）资产证券化

自 2016 年以来，我国保理 ABS、ABN 产品发行量剧增。由于保理资产证券化通过保理公司或其代理人受让企业应收账款成为原始权益人，可提高投资者对投资风险的识别和把握，有助于投资者采取对应的风险控制，提高产品的市场认可度，因此已逐渐成为解决中小微企业融资难、融资贵的重要工具。根据 CNABS 公布的数据，保理融资是交易市场中关注度最高的资产类型，2019 年累计发行 5 125 亿元 ABS、463 亿元 ABN。证券化已成为盘活保理资产的一个重要渠道，也将成为金融机构批量拓展保理融资的新引擎。

第八章 附 录

附录一 保理业务专业术语表（2013 版）

（一）适用范围及目的

1. 本术语表为中国银行业保理业务规范术语。

2. 本术语表适用于中华人民共和国境内保理业务经营、管理、科研、教学和出版等各种领域。

（二）术语和定义

1. 保理业务（Factoring）

保理业务是以债权人转让其应收账款为前提，集应收账款催收、管理、坏账担保及融资于一体的综合性金融服务。债权人将其应收账款转让给商业银行，由商业银行向其提供下列服务中至少一项的，即为保理业务：

（1）应收账款催收（Collection of Receivables）：商业银行根据应收账款账期，主动或应债权人要求，采取电话、函件、上门等方式或运用法律手段等对债务人进行催收。

（2）应收账款管理（Receivables Ledgering）：商业银行根据债权人的要求，定期或不定期向其提供关于应收账款的回收情况、逾期账款情况、对账单等财务和统计报表，协助其进行应收账款管理。

（3）坏账担保（Protection Against Default in Payment by Buyers,

又称买方信用风险担保）：商业银行与债权人签订保理协议后，为债务人核定信用额度，并在核准额度内，对债权人无商业纠纷（又称“争议”，Dispute）的应收账款，提供约定的付款担保。

（4）保理融资（Finance under Factoring）：以应收账款合法、有效转让为前提的银行融资服务。

2. 债权人（Creditor，或称 Exporter，Seller）

通常也可以称为卖方，是应收账款的转让人。

因供货或提供服务而出具发票的一方。

3. 债务人（Debtor，或称 Importer，Buyer）

通常也可以称为买方，是应收账款的付款人。

对于供货或提供服务而产生的应收账款负有付款责任的一方。

4. 保理商（Factor）

指根据保理合约接受应收账款转让，并提供保理服务的机构，主要分为银行保理商和商业保理商两类。

出口保理商（Export Factor，EF）：通常在出口商所在国，根据保理合约接受出口商应收账款转让的保理商。

进口保理商（Import Factor，IF）：通常在进口商所在国，根据保理合约接受出口保理商应收账款转让的保理商。

5. 应收账款（Accounts Receivable）

指企业因提供商品、服务或者出租资产而形成的金钱债权及其产生的收益，但不包括因票据或其他有价证券而产生的付款请求权。

6. 应收账款转让（Assignment of Receivables）

指与应收账款相关的全部权利及权益的让渡。

7. 信用风险（Credit Risk）

指债务人在应收账款到期日后约定的时间范围内，在无商业纠纷的情况下不能全额付款的风险。保理商仅对其核准额度内的应收账款承担债务人的信用风险。

8. 国内保理（Domestic Factoring）

在保理业务中，债权人和债务人均在境内（不包括保税区、自贸区、境内关外等）的保理业务。

9. 国际保理（International Factoring）

在保理业务中，债权人和债务人中至少有一方在境外（包括保税区、自贸区、境内关外等）的保理业务。

10. 有追索权保理（Recourse Factoring）

指在应收账款到期无法从债务人处收回时，商业银行可以向债权人反转让应收账款、要求债权人回购应收账款或归还融资。有追索权保理又称回购型保理。

11. 无追索权保理（Non-Recourse Factoring）

指应收账款在无商业纠纷等情况下无法得到清偿的，由商业银行承担应收账款的坏账风险。无追索权保理又称买断型保理。

12. 单保理（Single-Factor System）

指由一家保理机构单独为买卖双方提供保理服务。

13. 双保理（Two-Factor System）

指由两家保理机构分别向买卖双方提供保理服务。

买卖双方保理机构为同一银行不同分支机构的，原则上可视作双保理；有保险公司承保买方信用风险的银保合作，视同双保理。

14. 公开型保理（Notification Factoring）

指在保理业务中，将应收账款转让的事实通知债务人，通知方式包括但不限于：向债务人提交保理商规定格式的通知书、在发票上加注保理商规定格式的转让条款等。

15. 隐蔽型保理（Non-Notification Factoring）

指在保理业务中，应收账款转让的事实暂不通知债务人，但保理商保留一定条件下通知的权利。

16. 背对背保理（Back-to-Back Factoring）

指在国际双保理业务模式下，出口商将其与境外关联公司间的应收账款转让给出口保理商，出口保理商将受让的应收账款转让给进口保理商；同时境外关联公司将其与最终买方间对应的应收账款也转让给进口保理商。在最终买方付款后，进口保理商将属于出口商的款项付至出口保理商指定保理专户，将属于境外关联公司的利润部分付给境外关联公司。

17. 反向保理（Reverse Marketing）

指由进口保理商发起的，在其承担进口商信用风险的前提下，邀请合作的出口保理商为出口商提供的国际双保理服务。

18. 信用额度（Credit Line）

指保理商核准的愿意从卖方处购入并承担买方信用风险的最高限额。

19. 核准（Approval）

指保理商在其核定的信用额度和条件范围内承担买方信用风险的行为或状态。

20. 已核准的应收账款（Approved Receivables）

指债权人在保理商核定的信用额度内，向债务人发运货物或提供服务所产生的符合信用额度使用条件的应收账款。

21. 反转让（Reassignment）

指保理商在一定情形下将应收账款转让回债权人的行为。

22. 争议（Dispute）

指债务人拒绝接受货物或发票或提出抗辩、反索或抵消，包括但不限于由于第三方对与账款的款项主张权利而引起的抗辩。

23. 其他

（1）未来应收账款。

指合同项下卖方义务未履行完毕的预期应收账款。

（2）权属不清的应收账款。

指权属具有不确定性的应收账款，包括但不限于已在其他银行或商业保理公司等第三方办理出质或转让的应收账款。获得质权人书面同意解押并放弃抵（质）押权利和获得受让人书面同意转让应收账款权属的除外。

（3）因票据或其他有价证券而产生的付款请求权。

指票据或其他有价证券的持票人无须持有票据或有价证券产生的基础交易应收账款单据，仅依据票据或有价证券本身即可向票据或有价证券主债务人请求按票据或有价证券上记载的金额付款的权利。

附录二　商业银行保理业务管理暂行办法（银监会令〔2014〕5号）

第一章　总　则

第一条　为规范商业银行保理业务经营行为，加强保理业务审慎经营管理，促进保理业务健康发展，根据《中华人民共和国合同法》《中华人民共和国物权法》《中华人民共和国银行业监督管理法》《中华人民共和国商业银行法》等法律法规，制定本办法。

第二条　中华人民共和国境内依法设立的商业银行经营保理业务，应当遵守本办法。

第三条　商业银行开办保理业务，应当遵循依法合规、审慎经营、平等自愿、公平诚信的原则。

第四条　商业银行开办保理业务应当妥善处理业务发展与风险管理的关系。

第五条　中国银监会及其派出机构依照本办法及有关法律法规对商业银行保理业务实施监督管理。

第二章　定义和分类

第六条　本办法所称保理业务是以债权人转让其应收账款为前提，集应收账款催收、管理、坏账担保及融资于一体的综合性金融服务。债权人将其应收账款转让给商业银行，由商业银行向其提供下列服务中至少一项的，即为保理业务：

（一）应收账款催收：商业银行根据应收账款账期，主动或应债权人要求，采取电话、函件、上门等方式或运用法律手段等对债务人进行催收。

（二）应收账款管理：商业银行根据债权人的要求，定期或不定期向其提供关于应收账款的回收情况、逾期账款情况、对账单等财务和统计报表，协助其进行应收账款管理。

（三）坏账担保：商业银行与债权人签订保理协议后，为债务人核定信用额度，并在核准额度内，对债权人无商业纠纷的应收账款，提供约定的付款担保。

（四）保理融资：以应收账款合法、有效转让为前提的银行融资服务。

以应收账款为质押的贷款，不属于保理业务范围。

第七条 商业银行应当按照“权属确定，转让明责”的原则，严格审核并确认债权的真实性，确保应收账款初始权属清晰确定、历次转让凭证完整、权责无争议。

第八条 本办法所称应收账款，是指企业因提供商品、服务或者出租资产而形成的金钱债权及其产生的收益，但不包括因票据或其他有价证券而产生的付款请求权。

第九条 本办法所指应收账款的转让，是指与应收账款相关的全部权利及权益的让渡。

第十条 保理业务分类：

（一）国内保理和国际保理

按照基础交易的性质和债权人、债务人所在地，分为国际保理和国内保理。

国内保理是债权人和债务人均在境内的保理业务。

国际保理是债权人和债务人中至少有一方在境外（包括保税区、自贸区、境内关外等）的保理业务。

（二）有追索权保理和无追索权保理

按照商业银行在债务人破产、无理拖欠或无法偿付应收账款时，是否可以向债权人反转让应收账款、要求债权人回购应收账款或归还融资，分为有追索权保理和无追索权保理。

有追索权保理是指在应收账款到期无法从债务人处收回时，商业银行可以向债权人反转让应收账款、要求债权人回购应收账款或归还融资。有追索权保理又称回购型保理。

无追索权保理是指应收账款在无商业纠纷等情况下无法得到清偿的，由商业银行承担应收账款的坏账风险。无追索权保理又称买断型保理。

（三）单保理和双保理

按照参与保理服务的保理机构个数，分为单保理和双保理。

单保理是由一家保理机构单独为买卖双方提供保理服务。

双保理是由两家保理机构分别向买卖双方提供保理服务。

买卖双方保理机构为同一银行不同分支机构的，原则上可视作双保理。商业银行应当在相关业务管理办法中同时明确作为买方保理机构和卖方保理机构的职责。

有保险公司承保买方信用风险的银保合作，视同双保理。

第三章　保理融资业务管理

第十一条　商业银行应当按照本办法对具体保理融资产品进行定义，根据自身情况确定适当的业务范围，制定保理融资客户准入标准。

第十二条　双保理业务中，商业银行应当对合格买方保理机构制定准入标准，对于买方保理机构为非银行机构的，应当采取名单制管理，并制定严格的准入准出标准与程序。

第十三条　商业银行应当根据自身内部控制水平和风险管理能力，制定适合叙做保理融资业务的应收账款标准，规范应收账款范围。商业银行不得基于不合法基础交易合同、寄售合同、未来应收账款、权属不清的应收账款、因票据或其他有价证券而产生的付款请求权等开展保理融资业务。

未来应收账款是指合同项下卖方义务未履行完毕的预期应收账款。

权属不清的应收账款是指权属具有不确定性的应收账款，包括但不限于已在其他银行或商业保理公司等第三方办理出质或转让的应收账款。获得质权人书面同意解押并放弃抵（质）押权利和获得受让人书面同意转让应收账款权属的除外。

因票据或其他有价证券而产生的付款请求权是指票据或其他有价证券的持票人无须持有票据或有价证券产生的基础交易应收账款单据，仅依据票据或有价证券本身即可向票据或有价证券主债务人请求按票据或有价证券上记载的金额付款的权利。

第十四条 商业银行受理保理融资业务时，应当严格审核卖方和 / 或买方的资信、经营及财务状况，分析拟做保理融资的应收账款情况，包括是否出质、转让以及账龄结构等，合理判断买方的付款意愿、付款能力以及卖方的回购能力，审查买卖合同等资料的真实性与合法性。对因提供服务、承接工程或其他非销售商品原因所产生的应收账款，或买卖双方为关联企业的应收账款，应当从严审查交易背景真实性和定价的合理性。

第十五条 商业银行应当对客户和交易等相关情况进行有效的尽职调查，重点对交易对手、交易商品及贸易习惯等内容进行审核，并通过审核单据原件或银行认可的电子贸易信息等方式，确认相关交易行为真实合理存在，避免客户通过虚开发票或伪造贸易合同、物流、回款等手段恶意骗取融资。

第十六条 单保理融资中，商业银行除应当严格审核基础交易的真实性外，还需确定卖方或买方一方比照流动资金贷款进行授信管理，严格实施受理与调查、风险评估与评价、支付和监测等全流程控制。

第十七条 商业银行办理单保理业务时，应当在保理合同中原则上要求卖方开立用于应收账款回笼的保理专户等相关账户。商业银行应当指定专人对保理专户资金进出情况进行监控，确保资金首先用于归还银行融资。

第十八条 商业银行应当充分考虑融资利息、保理手续费、现金折扣、历史收款记录、行业特点等应收账款稀释因素，合理确定保理业务融资比例。

第十九条 商业银行开展保理融资业务，应当根据应收账款的付款期限等因素合理确定融资期限。商业银行可将应收账款到期日与融资到期日间的时间期限设置为宽限期。宽限期应当根据买卖双方历史交易记录、行业惯例等因素合理确定。

第二十条 商业银行提供保理融资时，有追索权保理按融资金额记入债权人征信信息；无追索权保理不记入债权人及债务人征信信息。商业银行进行担保付款或垫款时，应当按保理业务的风险实质，决定记入债权人或债务人的征信信息。

第四章 保理业务风险管理

第二十一条 商业银行应当科学审慎制定贸易融资业务发展战略，并纳入全行统一战略规划，建立科学有效的贸易融资业务决策程序和激励约束机制，有效防范与控制保理业务风险。

第二十二条 商业银行应当制定详细规范的保理业务管理办法和操作规程，明确业务范围、相关部门职能分工、授信和融资制度、业务操作流程以及风险管控、监测和处置等政策。

第二十三条 商业银行应当定期评估保理业务政策和程序的有效性，加强内部审计监督，确保业务稳健运行。

第二十四条 保理业务规模较大、复杂度较高的商业银行，必须设立专门的保理业务部门或团队，配备专业的从业人员，负责产品研发、业务操作、日常管理和风险控制等工作。

第二十五条 商业银行应当直接开展保理业务，不得将应收账款的催收、管理等业务外包给第三方机构。

第二十六条 商业银行应当将保理业务纳入统一授信管理，明确各类保理业务涉及的风险类别，对卖方融资风险、买方付款风险、保理机构风险分别进行专项管理。

第二十七条 商业银行应当建立全行统一的保理业务授权管理体系，由总行自上而下实施授权管理，不得办理未经授权或超授权的保理业务。

第二十八条 商业银行应当针对保理业务建立完整的前中后台管理流程，前中后台应当职责明晰并相对独立。

第二十九条 商业银行应当将保理业务的风险管理纳入全面风险管理体系，动态关注卖方或买方经营、管理、财务及资金流向等风险信息，定期与卖方或买方对账，有效管控保理业务风险。

第三十条 商业银行应当加强保理业务 IT 系统建设。保理业务规模较大、复杂程度较高的银行应当建立电子化业务操作和管理系统，对授信额度、交易数据和业务流程等方面进行实时监控，并做好数据存储及备份工作。

第三十一条 当发生买方信用风险，保理银行履行垫付款义务后，应当将垫款记入表内，列为不良贷款进行管理。

第三十二条 商业银行应当按照《商业银行资本管理办法（试行）》要求，按保理业务的风险实质，计量风险加权资产，并计提资本。

第五章　法律责任

第三十三条 商业银行违反本办法规定经营保理业务的，由银监会及其派出机构责令其限期改正。商业银行有下列情形之一的，银监会及其派出机构可采取《中华人民共和国银行业监督管理法》第三十七条规定的监管措施：

（一）未按要求制定保理业务管理办法和操作规程即开展保理业务的；

（二）违反本办法第十三条、第十六条规定叙做保理业务的；

（三）业务审查、融资管理、风险处置等流程未尽职的。

第三十四条 商业银行经营保理业务时存在下列情形之一的，银监会及其派出机构除按本办法第三十三条采取监管措施外，还可根据《中华人民共和国银行业监督管理法》第四十六条、第四十八条实施处罚：

（一）因保理业务经营管理不当发生信用风险重大损失、出现严重操作风险损失事件的；

（二）通过非公允关联交易或变相降低标准违规办理保理业务的；

（三）未真实准确对垫款等进行会计记录或以虚假会计处理掩盖保理业务风险实质的；

（四）严重违反本办法规定的其他情形。

第六章 附 则

第三十五条 政策性银行、外国银行分行、农村合作银行、农村信用社、财务公司等其他银行业金融机构开展保理业务的，参照本办法执行。

第三十六条 中国银行业协会应当充分发挥自律、协调、规范职能，建立并持续完善银行保理业务的行业自律机制。

第三十七条 本办法由中国银监会负责解释。

附录三　中国银行业保理业务规范（修订版）（银协发〔2016〕127号）

第一章　总　则

第一条　为了确立保理业务管理基本原则，明确其业务属性，以规范和促进保理业务健康、有序发展，根据《中华人民共和国合同法》《中华人民共和国物权法》《中华人民共和国银行业监督管理法》《中华人民共和国商业银行法》《中华人民共和国价格法》《商业银行保理业务管理暂行办法》，以及其他有关法律、法规、规章、国际国内惯例，特制定本规范。

第二条　本规范适用于中华人民共和国境内经国务院银行业监督管理机构批准设立并开办保理业务的银行业金融机构。

第三条　银行在办理业务时应当遵循以下原则：

（一）遵守我国有关法律、法规及规章，如《商业银行保理业务管理暂行办法》；

（二）遵守国际惯例，如《国际保理通用规则》等；

（三）妥善处理业务发展与风险管理的关系，审慎经营；

（四）遵循平等自愿、公平诚信的原则，并妥善处理同业合作与竞争的关系。

第二章　定义、特点及分类

第四条　定义

（一）应收账款

本规范所称应收账款，是指企业因提供商品、服务或者出租资产而形成的金钱债权及其产生的收益，但不包括因票据或其他有价证券而产生的付款请求权。以应收账款为质押的贷款，不属于保理业务范围。

（二）保理业务

保理业务是一项以债权人转让其应收账款为前提，集应收账款催收、管理、坏账担保及融资于一体的综合性金融服务。债权人将其应收账款转让给银行，由银行向其提供下列服务中的至少一项的，即为保理业务：

1. 应收账款催收：银行根据应收账款账期，主动或应债权人要求，采取电话、函件、上门催款直至法律手段等对债务人进行催收。

2. 应收账款管理：银行根据债权人的要求，定期或不定期向其提供关于应收账款的回收情况、逾期账款情况、对账单等各种财务和统计报表，协助其进行应收账款管理。

3. 坏账担保：债权人与银行签订保理协议后，由银行为债务人核定信用额度，并在核准额度内，对债权人无商业纠纷的应收账款，提供约定的付款担保。

4. 保理融资：以应收账款合法、有效转让为前提的银行融资服务。

第五条 保理业务具备以下特点：

1. 银行通过受让债权，取得对债务人的直接请求权；

2. 保理融资的第一还款来源为债务人对应收账款的支付；

3. 银行通过对债务人的还款行为、还款记录持续性地跟踪、评估和检查等，及时发现风险，采取措施，达到风险缓释的作用；

4. 银行对债务人的坏账担保属于有条件的付款责任。

第六条 保理业务分类

1. 国际、国内保理

按照基础交易的性质和债权人债务人所在地，可分为国际保理和国内保理。债权人和债务人均在境内的，称为国内保理；债权人和债务人中至少有一方在境外（包括保税区、自贸区、境内关外等）的，称为国际保理。

2. 有、无追索权保理

按照银行在债务人破产无理拖欠或无法偿付应收账款时，是否可以向债权人反转让应收账款，或要求债权人回购应收账款或归还融资，可分为有追索权保理和无追索权保理。

有追索权保理是指在应收账款到期无法从债务人处收回时，银行可以向债权人反转让应收账款，或要求债权人回购应收账款或归还融资。有追索权保理又称回购型保理。

无追索权保理是指应收账款在无商业纠纷等情况下无法得到清偿的，由银行承担应收账款的坏账风险。无追索权保理又称买断型保理。

3. 公开、隐蔽型保理

按照是否将应收账款转让的事实通知债务人，可分为公开型保理和隐蔽型保理。

公开型保理应将应收账款转让的事实通知债务人，通知方式包括但不限于：向债务人提交银行规定格式的通知书，在发票上加注银行规定格式的转让条款。

隐蔽型保理中应收账款转让的事实暂不通知债务人，但银行保留一定条件下通知的权利。

4. 单保理、双保理

按照参与保理服务的保理机构个数，可分为单保理和双保理。单保理是由一家保理机构单独为买卖双方提供保理服务。双保理是由两家保理机构分别向买卖双方提供保理服务。

买卖双方保理机构为同一家银行不同分支机构的，原则上可视作双保理。银行需在业务管理办法中同时体现买方保理机构和卖方保理机构的职责。

有保险公司承保买方信用风险的银保合作，视同为双保理。

第三章 银行内部管理要求

第七条 银行应根据业务发展战略、业务规模等，设立专门的保理业务部门或团队，负责制度制定、产品研发、推广、业务操作和管理等工作，并配备相应的资源保障。

第八条 银行应当针对保理业务建立完整的前中后台管理流程，前中后台应职责明晰且相对独立，岗位职能设置包括但不限于：市场营销、产品研发、业务管理、风险控制和业务操作等。

第九条 银行应加强对本行从业人员的培训，提高其专业能力，积极组织、参与中国银行业协会保理专业委员会、国际保理商联合会、国际商会等行业组织举办的专业培训活动及相关工作。

第十条 银行应根据保理业务特点，严格实施受理与调查、风险评估与评价、应收账款回款支付和监测等全流程控制，建立规范的业务管理办法和操作规程。

（一）业务管理办法至少应包含以下内容：

1. 业务范围：应参照本规范对具体产品进行定义，并按银行自身的情况制定适当的业务范围。

2. 组织结构：应明确业务相关部门及其职责，同时授予保理业务部门相对独立的管理权限。

3. 客户准入：应按照保理业务特点，制定适当的客户准入标准。

4. 账款标准：应制定适合叙做保理业务的应收账款标准，包括但不限于账期、付款条件、交易背景和性质等。

5. 授信审批：应制定符合保理业务特点的授信政策，根据风险承担的实质确定授信主体、评估标准和放款条件。银行可在不通知债务人的情况下发起对债务人的主动授信，且不必与债务人签署授信协议。

6. 同业风险管理：应对其合作银行、保理公司及保险公司等合作保理机构制定准入准出标准并签署合作协议，对于实际承担信用风险的合作保理机构，应进行授信管理。业务过程中，应定期监控合作保理机构及其所在国家地区风险变化情况，并适时作出调整。

7. 授信后管理：应制定与保理业务特点相适应的授信后管理政策，包括密切监控债权人及债务人履约情况、交易背景真实性、应收账款回款专户管理等，该专户用于接收应收账款回款，是以债权人名义开立的账户，或者以保理银行名义开立的具有银行内部户性质的专用账户。

8. 收费及计息标准：应根据业务分类、服务内容、业务成本、工作量、风险承担、合理利润、行业惯例等因素进行综合定价，制订合理化、个性化的收费、计息标准，包括应收账款管理费、单据处理费和融资利息等。收取时点包括但不限于应收账款转让、融资发放或买方付款时收取等，收取对象可采取卖方支付、买方支付和协议支付等，对于期限为一年以上的应收账款，可每年收取。可根据内部资金成本、风险资本占用以及收益要求厘定保理融资利率。

（二）保理业务操作规程至少应包含以下内容：

1. 业务受理。

2. 额度申请及核准。

3. 融资比例及融资期限：银行应充分考虑应收账款稀释及付款期限等因素合理确定融资比例、融资期限及融资宽限期。

4. 协议签署：卖方银行应与债权人签订业务协议，可不与债务人签订协议。

5. 交易真实性审查。

6. 应收账款转让及通知债务人：除单笔核准外，原则上应要求债权人对指定债务人的应收账款整体转让。银行可以受让未来应收账款，但不得针对未来应收账款发放保理融资。

7. 额度使用及管理：包括对债权人和债务人额度的启用、占用、变更、冻结和取消等。

8. 融资发放。

9. 应收账款管理及催收：应收账款催收、应收账款管理等业务不得外包给第三方机构。

10. 费用收取及支付。

11. 特定情况处理：包括贷项清单、商业纠纷、间接付款和担保付款的处理等。

12. 会计处理。

第十一条 基于合格应收账款的信用风险缓释作用，银行在叙做保理业务时，关于信用风险加权资产的厘定可参照以下原则执行：

1. 如仅提供应收账款管理或催收服务，则无信用风险加权资产。

2. 提供无追索权保理业务的卖方保理机构，可按照买方保理商、保险公司或债务人的信用风险权重计算相关风险加权资产；提供有追索权保理业务的卖方保理机构，可按照提供信用风险担保的买方保理商（如有）、保险公司（如有）或债权人的信用风险权重计算相关风险加权资产。

3. 提供坏账担保服务的买方保理机构，根据承担风险的实质，给予一定的信用风险转换系数，可参照“与贸易直接相关的短期或有项目”执行。

4. 买卖双方保理机构为同一银行的，整体信用风险权重不应大于 100%，具体信用风险权重可按具体业务情况及各风险缓释因素确定。

第十二条 银行根据内部管理要求决定保理业务是否在中国人民银行“中征动产融资统一登记平台”进行转让登记，但鼓励银行积极登记，以形成行业共济机制。

第十三条 银行应建立电子化的业务操作和管理系统，以实现以下目标：

1. 管理流程统一：设定统一业务标准，确保银行在参数构架、安控维护、额度控制和业务流程等方面进行即时监控，随时了解业务运营情况，便于对业务的定期回顾和检查。

2. 预警及监管：实现对应收账款的分账户管理，并对业务异常情况进行预警提示等。

3. 业务数据保存：做好数据备份工作，确保储存数据安全。储存期限应不少于五年，储存数据可根据需要随时提取，用于事后的统计、管理等。

第四章 数据统计及信息披露

第十四条 银行应做好业务数据统计工作，并按照监管机构的要求及时报送。

第十五条 企业征信系统信息披露。银行提供保理融资时，有追索权保理按融资金额记入债权人征信信息；无追索权保理不记入债权人及债务人征信信息。银行为债务人核定信用额度时，不记入债务人征信信息。银行进行担保付款或垫款时，应按风险发生的实质，决定记入债权人或债务人的征信信息。

第五章 附 则

第十六条 银行应按照本规范制定相应的规章制度以及实施细则，其他开展保理业务的机构可参照执行。

第十七条 本规范中凡涉及国家外汇管理法规、政策的有关要求的，如遇有关部门出台新的法规或规定，应遵守和执行新的法规。

第十八条 本规范由中国银行业协会保理专业委员会组织制定并负责解释。

第十九条 本规范自发布之日起施行。

附录四　中国银行业保理业务规范（修订版）（银协发〔2016〕128 号）

Factoring Business Norms for Chinese Banking Industry

Chapter I　General Provisions

Article 1　For the purposes of establishing fundamental management principles and defining the nature of factoring business and promoting its disciplined, healthy and orderly development, these Norms are formulated in accordance with the Contract Law of the People's Republic of China, the Property Law of the People's Republic of China, the Law of the People's Republic of China on Regulation of and Supervision over the Banking Industry, the Law of the People's Republic of China on Commercial Banks, the Pricing Law of the People's Republic of China, the Interim Provisions for Factoring Business of Commercial Banks and other relevant laws, rules and regulations as well as domestic and international practices.

Article 2　These Norms shall apply to the banking institutions within the territory of the People's Republic of China that are established and engaged in factoring business upon approval by the banking regulatory authority under the State Council.

Article 3　Banks shall observe the following principles in handling factoring business:

（1）Complying with relevant laws, rules and regulations of the State;
（2）Complying with international practices such as General Rules for International Factoring;
（3）Maintaining a proper balance between business development and risk management for prudent operation;
（4）Following the principles of equality, voluntariness, fairness and good faith, and maintaining a proper balance between cooperation and

competition with peers.

Chapter II Definition, Features and Classification

Article 4 Definitions

(1) Account receivable

For the purpose of these Norms, accounts receivable shall mean the monetary claims and their proceeds arising from an enterprise's supply of goods, services or lease of assets, but excluding the right of demand payment arising from notes or other marketable securities. A loan secured by the pledge of accounts receivable is not in the scope of factoring business.

(2) Factoring

Factoring is a comprehensive financial service which is subject to the creditor's assignment of its accounts receivable and which combines collection and accounts receivable administration, protection against bad debts and finance. The creditor assigns its accounts receivable to the bank, for at least one of the following services:

(a) Collection of accounts receivable: The bank demands payment from the debtor, proactively or upon request by the creditor, by means of telephone calls, dunning letters, door-to-door collection and legal proceedings.

(b) Management of accounts receivable: The bank, upon request by the creditor, provides the creditor with information on collection of accounts receivable and overdue accounts, reconciliation statements and other financial and statistical statements, on a regular or ad-hoc basis, thereby assisting the seller in managing accounts receivable.

(c) Protection against bad debts: After the creditor and the bank enter into a factoring agreement, the bank grants the debtor a credit line and makes payment under guarantee as agreed within the approved credit line for the creditor's accounts receivable free and clear of commercial disputes.

(d) Factoring finance: Financing service provided by the bank subject to the legal and valid assignment of accounts receivable.

Article 5 Factoring has the following features:

(1) The bank acquires direct claim against the debtor by becoming the assignee of the creditor's accounts receivable;
(2) The primary source of repayment for factoring finance is payment of accounts receivable by the debtor;
(3) The bank continuously tracks, assesses and examines payment activity and records of the debtor for timely risk detection so as to mitigate its own risks;
(4) Protection against bad debts is a conditional payment undertaking by the bank.

Article 6 Classification of factoring

(1) International factoring and domestic factoring
Factoring is classified as international factoring and domestic factoring by nature of the underlying transaction and locations of the creditor and the debtor. Under domestic factoring, both the creditor and the debtor are within the territories of China. Under international factoring, either the creditor or the debtor is outside the territories of China (here, areas "outside the territories of China" includes bonded areas, free trade zones, areas "within the borders of the PRC but outside Customs",etc).

(2) Recourse factoring and non-recourse factoring
Factoring is classified as recourse factoring and non-recourse factoring based on whether the bank may reassign accounts receivable to the creditor or request the creditor to repurchase accounts receivable or repay finance when the debtor goes bankrupt or is unable to pay accounts receivable or defaults on payment of accounts receivable.
Under recourse factoring, the bank may reassign accounts receivable to the creditor or request the creditor to repurchase accounts receivable or repay finance when the bank is unable to collect accounts receivable from the debtor upon maturity. Recourse factoring is also called "Repurchase Factoring".
Under non-recourse factoring, the bank bears the risk of bad debts arising from the debtor's inability to pay accounts receivable which is free and clear of any commercial disputes. Non-recourse factoring is also called

"Buy-out Factoring".

(3) Disclosed and undisclosed factoring

Factoring is classified as disclosed factoring and undisclosed factoring based on whether the debtor is notified of the assignment of accounts receivable.

Under disclosed factoring, assignment of accounts receivable is disclosed to the debtor in ways including but not limited to sending the debtor an introductory letter in the format defined by the bank or adding onto the invoice an assignment clause in the format defined by the bank.

Under undisclosed factoring, assignment of accounts receivable is temporarily not notified to the debtor but the bank reserves the right to notify the debtor of the assignment under certain conditions.

(4) Single-factor factoring and two-factor factoring

Factoring is classified as single-factor factoring and two-factor factoring according to the number of factoring institutions engaged in factoring service. Under single-factor factoring, a factoring institution provides factoring service for the seller and the buyer all by itself. Under two-factor factoring, two factoring institutions provide factoring service for the seller and the buyer respectively.

If the seller factoring institution and the buyer factoring institution are different branches of the same bank, it can be deemed as two-factor factoring in principle. The bank is required to specify the functions and responsibilities of both factoring institutions simultaneously in its business management measures.

Cooperation between a bank and an insurance company whereby the insurance company insures the buyer's credit risk is deemed as two-factor factoring.

Chapter III Internal Management Requirements of Banks

Article 7 Banks shall, in line with their development strategy and scale of business, set up separate factoring department or team which shall be responsible for formulation of factoring regulations, product development and promotion, business operation and management. Banks shall allocate appropriate resources to support factoring business.

Article 8 Banks shall establish complete operational procedures for factoring business covering the front, middle, and bank offices. The functions and responsibilities of the front, middle, and back offices shall be clear and relatively independent from each other, and posts shall encompass the following functions: marketing, product development and promotion, business management,risk control, operation, etc.

Article 9 Banks shall reinforce the training of their factoring staff, improve the staff's professional competence and actively organize and participate in training programs provided by industry organizations and related activities. Such industry organizations include the Factors Association of China, the Factors Chain International and the International Chamber of Commerce, etc.

Article 10 Based upon the features of factoring, banks shall impose strict controls over the whole process of factoring in the areas of business acceptance and investigation, risk assessment and evaluation, accounts receivable payment and monitoring, etc., and establish standard business management measures and operating procedures.

(1) Business management measures shall at least include:

(a) Scope of business: Banks shall define their factoring products in accordance with these Norms and formulate a proper scope of business.

(b) Organizational structure: Banks shall specify relevant department responsible for factoring, define its duties and grant to such department relatively independent management authority.

(c) Client selection: Banks shall develop proper client selection criteria in line with the features of factoring.

(d) Receivables criteria: Banks shall develop criteria for accounts receivable eligible for factoring, including but not limited to payment terms, payment conditions and the underlying transaction, etc.

(e) Credit assessment and approval: Banks shall formulate credit policies in line with the features of factoring, and according to the actual risk assumed, specify the entity to which credit is extended, the assessment criteria and draw-down conditions. Banks may extend credit to the debtor without noticing the debtor or signing a credit agreement with the debtor.

（f）Risk management of correspondents: Banks shall establish selection criteria for and sign agreements with collaborative factoring institutions such as partner banks, factoring companies and insurance companies. For collaborative factoring institutions which actually assume the credit risk, credit management is needed. During the course of the business, banks shall periodically monitor the changes in the risks of the collaborative factoring institutions and the country risk so as to make timely adjustments.

（g）Post-credit management: Banks shall formulate specific post-credit management policy, including close monitoring of the performance risk of the creditor and the debtor, underlying transaction, special account for the collection of accounts receivable, etc. The special account is used to receive payment for accounts receivable, and can be opened in the name of the creditor or the factoring bank, and in the latter situation, it shall be characterized as an internal account of the bank.

（h）Fees and interest rates: Banks shall offer a comprehensive price taking into consideration of business classification, service content, business cost, workload, risk exposure, reasonable profit and industry practices, and set up reasonable and individual standards for factoring fees and interest rates, including accounts receivable administration fee, handling fee for documents, finance interest, etc. The time to charge such fees and interests includes, but is not limited to, the moments of assignment, financing or debtor payment, and the fees and interest can be charged to the creditor, the debtor or by negotiation. If the payment terms of the accounts receivable are longer than one year, fees and interests can be charged annually. Interest rate for factoring finance may be determined by considering banks' internal funds transfer pricing, capital at risk and return requirements.

（2）Operating procedures for factoring shall at least include:

（a）Business acceptance.

（b）Credit line application and approval.

（c）Finance percentage and term: Banks shall determine the finance percentage, term and grace period in a reasonable way, taking into account of dilution and payment terms of the accounts receivable.

(d) Signing of factoring agreement: Banks shall sign factoring agreement with the creditor. Banks may not sign credit agreement with the debtor.

(e) Examining underlying transaction.

(f) Assignment of accounts receivable and notification of the debtor: With the exception of order approval, the creditor shall, in principle, be required to assign to banks all accounts receivable related to a specific debtor. Banks may take assignment of future accounts receivable, but shall not finance against future accounts receivable.

(g) Credit line management: Including approval, utilization, amendment, freeze and cancellation of credit lines for the creditor and the debtor.

(h) Finance.

(i) Administration and collection of accounts receivable. Collection and administration of accounts receivable shall not be outsourced to third parties.

(j) Collection and payment of fees and charges.

(k) Dealing with specific issues such as credit note, commercial dispute, indirect payment and payment under guarantee.

(l) Accounting.

Article 11 Recognizing the credit risk alleviating of valid accounts receivable, banks may follow principles to calculate credit risk-weighted assets when conducting factoring business.

(1) If only accounts receivable administration or collection is provided, there are no credit risk-weighted assets.

(2) The seller factoring institution that provides non-recourse factoring may calculate credit risk-weighted assets by applying the risk weight of the buyer factor, the insurance company or the debtor. The seller factoring institution that provides recourse factoring may calculate credit risk-weighted assets by applying the risk weight of the buyer factor or the insurance company if it provides protection against bad debts, or that of the debtor.

(3) Based upon the actual risk assumes, a credit conversion factor

may be applied by the buyer factoring institution that provides bad debt protection, as in the treatment of "trade-related short-term contingent items".

(4) If both the seller and buyer factoring institutions are within the same bank, the total risk weight shall not be higher than 100%, and the specific risk weights may be determined by business scenario and various risk alleviating factors.

Article 12 Banks shall determine whether to register assignment under factoring with the CCRC Movables Financing Registration System in accordance with internal management requirements. Registration of assignments is encouraged for the purpose of forming a mechanism for mutual aid in the industry.

Article 13 Banks shall establish an electronic operation and management system to achieve the following objectives:

(a) Uniform management process: Banks shall establish uniform business standards to ensure real-time monitoring of parameter structure, safety and control maintenance, limit control and operating procedures, keep abreast of operational developments and facilitate regular review and examination of operations.

(b) Early warning and supervision: Banks shall manage ledger accounts and give early warning to abnormalities.

(c) Business data storage: Banks shall provide data backup to ensure safety of data in storage. The storage period shall be at least five years. Data in storage shall be available upon request for statistics, management and other purposes.

Chapter IV Statistics and Information Disclosure

Article 14 Banks shall make business statistics properly and submit transaction data promptly as required by regulators.

Article 15 Disclosure in the Corporate Credit Information System of PBOC (CCIS).

The finance information under recourse factoring shall be registered in the credit information of the creditor in CCIS. There is no need to register in CCIS for non-recourse factoring.

Banks' approval of the credit line of the debtor shall not be registered of the debtor in CCIS.

Banks' payment under guarantee or bad debt under factoring shall be registered in the credit information of either the seller or debtor depending on the nature of risk.

Chapter V Supplementary Provisions

Article 16 Banks shall formulate relevant business regulations and implementation procedures in accordance with these Norms. Other institutions engaged in factoring may also use these Norms as a reference for conducting their business.

Article 17 When new foreign exchange administration rules and regulations related to factoring are promulgated, banks shall follow these new rules and regulations.

Article 18 These Norms are formulated and subject to interpretation by the Factors Association of China.

Article 19 These Norms shall enter into force on the date of promulgation.

附录五 应收账款质押登记办法（中国人民银行令〔2019〕4号）

应收账款质押登记办法

第一章 总 则

第一条 为规范应收账款质押登记，保护质押当事人和利害关系人的合法权益，根据《中华人民共和国物权法》等相关法律规定，制定本办法。

第二条 本办法所称应收账款是指权利人因提供一定的货物、服务或设施而获得的要求义务人付款的权利以及依法享有的其他付款请求权，包括现有的和未来的金钱债权，但不包括因票据或其他有价证券而产生的付款请求权，以及法律、行政法规禁止转让的付款请求权。

本办法所称的应收账款包括下列权利：

（一）销售、出租产生的债权，包括销售货物，供应水、电、气、暖，知识产权的许可使用，出租动产或不动产等；

（二）提供医疗、教育、旅游等服务或劳务产生的债权；

（三）能源、交通运输、水利、环境保护、市政工程等基础设施和公用事业项目收益权；

（四）提供贷款或其他信用活动产生的债权；

（五）其他以合同为基础的具有金钱给付内容的债权。

第三条 本办法所称应收账款质押是指《中华人民共和国物权法》第二百二十三条规定的应收账款出质，具体是指为担保债务的履行，债务人或者第三人将其合法拥有的应收账款出质给债权人，债务人不履行到期债务或者发生当事人约定的实现质权的情形，债权人有权就该应收账款及其收益优先受偿。

前款规定的债务人或者第三人为出质人，债权人为质权人。

第四条 中国人民银行征信中心（以下简称征信中心）是应收账款质押的登记机构。

征信中心建立基于互联网的登记公示系统（以下简称登记公示系统），办理应收账款质押登记，并为社会公众提供查询服务。

第五条 中国人民银行对征信中心办理应收账款质押登记有关活动进行管理。

第六条 在同一应收账款上设立多个权利的，质权人按照登记的先后顺序行使质权。

第二章 登记与查询

第七条 应收账款质押登记通过登记公示系统办理。

第八条 应收账款质押登记由质权人办理。质权人办理质押登记的，应当与出质人就登记内容达成一致。

质权人也可以委托他人办理登记。委托他人办理登记的，适用本办法关于质权人办理登记的规定。

第九条 质权人办理应收账款质押登记时，应当注册为登记公示系统的用户。

第十条 登记内容包括质权人和出质人的基本信息、应收账款的描述、登记期限。

出质人或质权人为单位的，应当填写单位的法定注册名称、住所、法定代表人或负责人姓名、组织机构代码或金融机构编码、工商注册号、法人和其他组织统一社会信用代码、全球法人机构识别编码等机构代码或编码。

出质人或质权人为个人的，应当填写有效身份证件号码、有效身份证件载明的地址等信息。

质权人可以与出质人约定将主债权金额等项目作为登记内容。

第十一条 质权人应当将填写完毕的登记内容提交登记公示系

统。登记公示系统记录提交时间并分配登记编号，生成应收账款质押登记初始登记证明和修改码提供给质权人。

第十二条 质权人应当根据主债权履行期限合理确定登记期限。登记期限最短1个月，最长不超过30年。

第十三条 在登记期限届满前90日内，质权人可以申请展期。

质权人可以多次展期，展期期限最短1个月，每次不得超过30年。

第十四条 登记内容存在遗漏、错误等情形或登记内容发生变化的，质权人应当办理变更登记。

质权人在原质押登记中增加新的应收账款出质的，新增加的部分视为新的质押登记。

第十五条 质权人办理登记时所填写的出质人法定注册名称或有效身份证件号码变更的，质权人应当在变更之日起4个月内办理变更登记。

第十六条 质权人办理展期、变更登记的，应当与出质人就展期、变更事项达成一致。

第十七条 有下列情形之一的，质权人应当自该情形产生之日起10个工作日内办理注销登记：

（一）主债权消灭；

（二）质权实现；

（三）质权人放弃登记载明的应收账款之上的全部质权；

（四）其他导致所登记权利消灭的情形。

质权人迟延办理注销登记，给他人造成损害的，应当承担相应的法律责任。

第十八条 质权人凭修改码办理展期、变更登记、注销登记。

第十九条 出质人或其他利害关系人认为登记内容错误的，可以要求质权人变更登记或注销登记。质权人不同意变更或注销的，出质人或其他利害关系人可以办理异议登记。

办理异议登记的出质人或其他利害关系人可以自行注销异议登记。

第二十条 出质人或其他利害关系人应当在异议登记办理完毕之日起 7 日内通知质权人。

第二十一条 出质人或其他利害关系人自异议登记之日起 30 日内，未将争议起诉或提请仲裁并在登记公示系统提交案件受理通知的，征信中心撤销异议登记。

第二十二条 应出质人或其他利害关系人、质权人的申请，征信中心根据对出质人或其他利害关系人、质权人生效的法院判决、裁定或仲裁机构裁决撤销应收账款质押登记或异议登记。

第二十三条 质权人办理变更登记和注销登记、出质人或其他利害关系人办理异议登记后，登记公示系统记录登记时间、分配登记编号，并生成变更登记、注销登记或异议登记证明。

第二十四条 质权人开展应收账款质押融资业务时，应当严格审核确认应收账款的真实性，并在登记公示系统中查询应收账款的权利负担状况。

第二十五条 质权人、出质人和其他利害关系人应当按照登记公示系统提示项目如实登记，并对登记内容的真实性、完整性和合法性负责。办理登记时，存在提供虚假材料等行为给他人造成损害的，应当承担相应的法律责任。

第二十六条 任何单位和个人均可以在注册为登记公示系统的用户后，查询应收账款质押登记信息。

第二十七条 出质人为单位的，查询人以出质人的法定注册名称进行查询。

出质人为个人的，查询人以出质人的身份证件号码进行查询。

第二十八条 征信中心根据查询人的申请，提供查询证明。

第二十九条 质权人、出质人或其他利害关系人、查询人可以通过证明编号在登记公示系统对登记证明和查询证明进行验证。

第三章 征信中心的职责

第三十条 征信中心应当采取技术措施和其他必要措施，维护登记公示系统安全、正常运行，防止登记信息泄露、丢失。

第三十一条 征信中心应当制定登记操作规则和内部管理制度，并报中国人民银行备案。

第三十二条 登记注销或登记期限届满后，征信中心应当对登记记录进行电子化离线保存，保存期限为 15 年。

第四章 附 则

第三十三条 征信中心按照国务院价格主管部门批准的收费标准收取应收账款登记服务费用。

第三十四条 权利人在登记公示系统办理以融资为目的的应收账款转让登记，参照本办法的规定。

第三十五条 权利人在登记公示系统办理其他动产和权利担保登记的，参照本办法的规定执行。

本办法所称动产和权利担保包括当事人通过约定在动产和权利上设定的、为偿付债务或以其他方式履行债务提供的、具有担保性质的各类交易形式，包括但不限于融资租赁、保证金质押、存货和仓单质押等，法律法规另有规定的除外。

第三十六条 本办法由中国人民银行负责解释。

第三十七条 本办法自 2020 年 1 月 1 日起施行。《应收账款质押登记办法》（中国人民银行令〔2017〕第 3 号发布）同时废止。

附录六　2019—2020 年我国保理行业相关政策文件汇总

发布日期	发布单位	文件名称	政策要点
2020 年 5 月	十三届人大三次会议	《中华人民共和国民法典》	通过保理合同专章九条对保理商、买方和卖方三方的权利和义务关系、未来应收账款适格性、虚假交易、金融债权的独立性等方面，进行了明确规范调节，将保理合同纠纷案由从现行的金融借款合同纠纷、其他纠纷转而确定为保理合同纠纷。
2020 年 3 月	银保监会	《关于加强产业链协同复工复产金融服务的通知》（银保监办发〔2020〕28 号）	就针对进一步加大金融服务实体经济力度，推动产业链协调复工复产提出了六方面具体措施。
2020 年 3 月	中华人民共和国工业和信息化部	《关于应对新型冠状病毒肺炎疫情帮助中小企业复工复产共渡难关有关工作的通知》	明确将采取全力保障企业有序复工复产，进一步加强对中小企业的财政扶持、进一步加强对中小企业的金融扶持、进一步加强对中小企业的创新支持、进一步加强对中小企业的公共服务、进一步加强统筹协调等六方面 20 条措施，帮助广大中小企业坚定信心，强化措施，实现有序复工复产，渡过难关。
2020 年 2 月	中国人民银行、财政部、银保监会、证监会、外汇局	《关于进一步强化金融支持防控新型冠状病毒感染肺炎疫情的通知》	对金融机构提出了〝对受疫情影响较大的批发零售、住宿餐饮、物流运输、文化旅游等行业，以及有发展前景但受疫情影响暂遇困难的企业，特别是小微企业，不得盲目抽贷、压贷。对受疫情影响严重的企业到期还款困难的，可予以展期或续贷。
2019 年 12 月	中共中央、国务院	《关于营造更好发展环境支持民营企业改革发展的意见》（中发〔2019〕49 号）	鼓励第三方建立供应链综合服务平台。民营企业、中小企业以应收账款申请担保融资的，国家机关、事业单位和大型企业等应付款方应当及时确认债权债务关系。推动质押登记流程简便化、标准化、规范化，建立统一的动产和权利担保登记公示系统。加快及时支付款项有关立法，建立拖欠账款问题约束惩戒机制。
2019 年 11 月	中国人民银行	《应收账款登记质押管理办法》（中国人民银行令〔2019〕第 4 号）	适应动产融资业务发展的新形势和新要求，对标现代动产担保制度的国际最佳实践，在适用范围、登记协议、登记期限、责任义务等方面做出修订，着力满足市场主体对于建立高效便捷统一的动产担保制度、提升企业融资可获得性的要求。

续表

发布日期	发布单位	文件名称	政策要点
2019年10月	银保监会	《关于加强商业保理企业监督管理的通知》（银保监会〔2019〕205号）	从依法合规经营、加强监督管理、稳妥推进分类处置、要严把市场准入关、压实监管责任、优化营商环境六个方面指导各地加强商业保理企业的事中、事后监督。
2019年2月	商务部等12部门	《关于推进商品交易市场发展平台经济的指导意见》（商建函〔2019〕61号）	加大金融支持。推动各类金融机构在风险可控、商业可持续的前提下，积极创新金融产品，加大对民营、小微商户信贷支持力度，完善担保、质押、保险和征信等服务，更好为商品市场平台化发展提供金融支持。鼓励结算规模大、频次高的商品市场，通过兼并重组等方式获得第三方支付牌照，提升市场支持结算现代化水平。
2019年2月	银保监会	《关于进一步加强金融服务民营企业有关工作的通知》（银保监发〔2019〕8号）	从持续优化金融服务体系、抓紧建立“敢贷、愿贷、能贷”的长效机制、公平精准有效开展民营企业授信业务、着力提升民营企业信贷服务效率、从实际出发帮助遭遇风险事件的民营企业融资纾困、推动完善融资服务信息平台、处理好支持民营企业发展与防范金融风险的关系、加大对金融服务民营企业的监管督查力度等八个方面，对落实《意见》精神提出了二十三条细化措施。
2019年2月	中共中央、国务院	《关于坚持农业农村优先发展做好“三农”工作的若干意见》	打通金融服务“三农”各个环节，建立县域银行业金融机构服务“三农”的激励约束机制，实现普惠性涉农贷款增速总体高于各项贷款平均增速。
2019年2月	中共中央办公厅、国务院办公厅	《关于加强金融服务民营企业的若干意见》	加大金融政策支持力度，着力提升对民营企业金融服务的针对性和有效性。强化融资服务基础设施建设，着力破解民营企业信息不对称、信用不充分等问题。完善绩效考核和激励机制，着力疏通民营企业融资堵点。积极支持民营企业融资纾困，着力化解流动性风险并切实维护企业合法权益。
2019年2月	中国人民银行等5部委	《关于金融服务乡村振兴的指导意见》	鼓励发展农业供应链金融，将小农户纳入现代农业生产体系，强化利益联结机制，依托核心企业提高小农户和新型农业经营主体融资可得性。

FCI GENERAL RULES FOR INTERNATIONAL FACTORING

TABLE OF CONTENTS

SECTION I General provisions

Article 1 Factoring contracts and receivables

A factoring contract means a contract pursuant to which a supplier may or will assign accounts receivable （referred to in these Rules as “receivables” which expression, where the context allows, also includes parts of receivables） to a factor, whether or not for the purpose of finance, for at least one of the following functions:

-Receivables ledgering

-Collection of receivables

-Protection against bad debts

Article 2 Parties taking part in two-factor international factoring

The parties taking part in two-factor international factoring transactions are:

（i）the supplier （also commonly referred to as client or seller），
the party who invoices for the supply of goods or the rendering of services;

（ii）the debtor （also commonly referred to as buyer or customer），
the party who is liable for payment of the receivables from the supply of goods or rendering of services;

（iii）The Export Factor,
the party to which the supplier assigns his receivables in accordance with the factoring contract;

（iv）the Import Factor,
the party to which the receivables are assigned by the Export Factor in accordance with these Rules.

Article 3 Receivables included

These Rules shall cover only receivables arising from sales on credit terms of goods and/or services provided by any supplier who has an agreement with an Export Factor to or for debtors located in any country in which an Import Factor provides factoring services. Excluded are sales based on letters of credit （other than standby letters of credit）, or cash against documents or any kind of sales for cash.

Article 4 Common language

The language for communication between Import Factor and Export Factor is English. When information in another language is provided an English translation must be attached.

Article 5 Time limits

Except as otherwise specified the time limits set forth in these Rules shall be understood as calendar days. Where a time limit expires on a non-working day or any declared public holiday of the Export Factor or the Import Factor, the period of time in question is extended until the first following working day of the factor concerned.

Article 6 Writing

"Writing" means any method by which a communication may be recorded in a permanent form so that it may be re-produced and used at any time after its creation. Where a writing is to be signed, that requirement is met if, by agreement between the parties to the writing, the writing identifies the originator of the writing and indicates his approval of the communication contained in the writing.
[N.B.:Article 6 amended June 2006.]

Article 7 Deviating agreements

An agreement in writing made between an Export Factor and an Import Factor (and signed by both of them), which conflicts with, differs from or extends beyond the terms of these Rules, shall take precedence over and supersede any other or contrary condition, stipulation or provision in these Rules relating to the subject matter of that agreement but in all other respects shall be subject to and dealt with as part of these Rules but in any event the Export Factor and the Import Factor shall not make an agreement that deviates from the provisions of the first sentence of Article 3.
[N.B.: Article 7 amended June 2004 and again June 2018.]

Article 8 Numbering system

In order to identify exactly all suppliers, debtors, Import Factors and Export Factors, an appropriate numbering system must be agreed upon between Export Factor and Import Factor.

Article 9 Commission / Remuneration

(i) The Import Factor shall be entitled to the agreed commissions and/or charges for his services as agreed between the IF and the EF.
(ii) The agreed commissions and/or charges must be paid in accordance with their terms and currencies. A party delaying payment shall incur interest and the equivalent of any exchange losses resulting from the delay in accordance with Article 26.

(iii) In case of a reassignment of a receivable the Import Factor has nevertheless the right to the commission or charges.
[N.B.: Paragraph (i) & (ii) amended June 2019.]

Article 10 Settlement of disagreements between Export Factor and Import Factor

(i) All disagreements arising between an Export Factor and an Import Factor in connection with any international factoring transactions shall be settled under the Rules of Arbitration provided that both are members of FCI at the time of the inception of the transaction.
(ii) Furthermore any such disagreement may be so settled if only one of the parties is a member of FCI at the time of request for arbitration provided that the other party accepts or has accepted such arbitration.
(iii) The award shall be final and binding.

Article 11 Good faith and mutual assistance

Under these Rules all duties shall be performed and all rights exercised in good faith. Each of the Export Factor and Import Factor shall act in every way to help the other's interest and each of them undertakes to the best of his ability to assist the other at all times in obtaining any document that may assist the other to carry out his duties and/or to protect his interests. Each of the Import Factor and the Export Factor undertakes that each will inform the other immediately of any fact or matter which comes to his attention and which may adversely affect the collection of any receivable or the creditworthiness of any debtor.

SECTION II Assignment of receivables

Article 12 Assignment

(i) The assignment of a receivable implies and constitutes the transfer of all rights and interest in and title to such receivable by any means. For the purpose of this definition the granting of a security right over a receivable is deemed to be its transfer.
(ii) By reason of the assignment to the Import Factor of full ownership of each receivable, the Import Factor shall have the right of bringing

suit and otherwise enforcing collection either in his own name or jointly with that of the Export Factor and/or that of the supplier and the right to endorse debtor's remittances for the collection in the Export Factor's name or in the name of such supplier and the Import Factor shall have the benefit of all rights of lien, stoppage in transit and all other rights of the unpaid supplier to goods which may be rejected or returned by debtors.

(iii) All assignments of receivables must be in writing.

[N.B.: New Paragraph (ii) added, previous (ii) becomes (iii) June 2009.]

Article 13 Validity of assignment

(i) The Import Factor is obliged, as regards the law of the debtor's country, to inform the Export Factor of:

(a) the wording and formalities of the notice of assignment; and

(b) any elements in an assignment that are necessary to safeguard the Export Factor against claims of third parties.

The Import Factor warrants the effectiveness of his advice.

(ii) The Export Factor, whilst relying on the Import Factor's advice under paragraph (i) of this Article as regards the law of the debtor's country, shall be responsible for the effectiveness of the assignment to him by the supplier and of his assignment to the Import Factor including their effectiveness against the claims of third parties and in the insolvency of the supplier.

(iii) If the Export Factor requests a particular assignment, enforceable against third parties, the Import Factor is obliged to act accordingly as far as he is able to do so in accordance with the applicable law, at the expense of the Export Factor.

(iv) Whenever the assignment of a receivable needs special documentation or a confirmation in writing in order to be valid and enforceable, at the request of the Import Factor the Export Factor must provide such documentation and/or confirmation in the prescribed way.

(v) If the Export Factor shall fail to provide such documentation or confirmation in relation to that receivable within 30 days of the receipt of the Import Factor's request, then the Import Factor may reassign such receivable.

[N.B.: Paragraphs （i） and （ii） amended June 2004.]

Article 14 Documentation relating to receivables

(i) The Import Factor must receive details of invoices and credit notes relating to any receivable assigned to him without undue delay and in the case of invoices in any event before the due date of the receivable. For the purpose of the GRIF, the "due date" of any receivable shall mean the date specified for payment of the receivable as stated in the contract of sale, provided, however, that if such contract specifies payments in instalments then, unless otherwise dictated by the contract, each instalment shall be treated as having a separate due date.

(ii) The Import Factor may require that the original documents evidencing title, including the negotiable shipping documents and/or insurance certificate, are forwarded through him.

(iii) At the request of the Import Factor and if then needed for the collection of a receivable the Export Factor must promptly provide any or all of the following as proof and in any event within the following time periods:

(a) 10 days from the receipt of the request, an exact copy of the invoice issued to the debtor;

(b) 30 days from the receipt of that request:

(1) evidence of shipment;

(2) evidence of fulfilment of the contract of sale and/or services where applicable;

(3) any other documents which have been requested before shipment.

(iv) If the Export Factor:

(a) does not provide the documents referred to in Article 14 （iii）; or

(b) fails to provide a reason for that delay and a request for further time, both acceptable to the Import Factor;within the prescribed time limits, then the Import Factor shall be entitled to reassign the relevant receivable.

(v) The time limit for the Import Factor to be entitled to request these documents from the Export Factor shall be 270 days after due date of the receivable.

[N.B.: Paragraph (iv) added June 2004 - previous (iv) moved to Paragraph (v); Paragraph (i) amended June 2005, June 2006 and June 2010.]

Article 15 Reassignment of receivables

(i) Any reassignment of a receivable under Article 13 (v) or Article 14 (iv) must be made by the Import Factor no later than the 60th day after his first request for the relevant documents, or, if later, the 30th day after the end of any extended time granted by the Import Factor under Article 14 (iv).

(ii) In the event of any reassignment of a receivable permitted to the Import Factor under this article or under paragraph (vii) of Article 27, except as provided in paragraph (iv) of this Article, the Import Factor shall be relieved of all obligations in respect of the reassigned receivable and may recover from the Export Factor any amount paid by the Import Factor in respect of it.

(iii) Every such reassignment must be in writing.

(iv) If any payment shall be received by the Import Factor from the debtor in respect of any receivable so reassigned before notice of that reassignment shall have been received by the debtor then the Import Factor shall hold that payment for the benefit of, and remit it to, the Export Factor promptly.

[N.B.: Paragraph (i) amended June 2004 and again September 2008. In June 2010 Paragraph (ii) amended and Paragraph (iv) added.]

SECTION III Credit Risk

Article 16 Definition of credit risk

(i) The credit risk is the risk that the debtor will fail to pay a receivable in full within 90 days of its due date otherwise than by reason of a dispute.

(ii) The assumption by the Import Factor of the credit risk on receivables assigned to him is conditional upon his written approval covering such receivables.

Article 17 Approvals and requests for approvals

(i) Requests of the Export Factor to the Import Factor for the assumption of the credit risk, which may be for the approval of individual orders or of credit lines, must be in writing and must contain all the necessary information to enable the Import Factor to appraise the credit risk and the normal payments terms.

(ii) If the Import Factor cannot confirm the exact identification of the debtor as submitted to him he may amend these details in his reply. Any approval shall apply only to the exact identity of the debtor given by the Import Factor in that approval.

(iii) The Import Factor must, without delay and, in any event, not later than 10 days from receipt of the request, advise the Export Factor of his decision in writing. If, within the said period, the Import Factor cannot make a decision he must, at the earliest, and before the expiry of the period so advise the Export Factor.

(iv) The approval shall apply up to the amount approved to the following receivables owed by the debtor:

(a) those on the Import Factor's records on the date of approval;

(b) those arising from shipments made up to 30 days before the date of request for approval; and shall be conditional in each case, upon the receipt by the Import Factor of the invoice details and the documents as stipulated in Article 14.

(v) (a) Approval in full or in part of an individual order binds the Import Factor to assume the approved credit risk provided that the shipment of the goods is made not later than the date of shipment, if any, stated in the request for the assumption of credit risk or any earlier expiry date indicated by the Import Factor in the approval.

(b) The approval of a credit line binds the Import Factor to assume credit risk on those receivables up to the approved amount for shipments made before cancellation or expiry date of the line.

(c) The word "goods" includes "services" and the expression "shipments made" includes "services performed".

(d) Shipment in relation to goods occurs when they are placed in transit to the debtor or his designee, whether by common carrier or the debtor's or supplier's own transport and in relation to services when they are completed.

(vi) A credit line is a revolving approval of receivables on a debtor's account with one supplier up to the amount of the credit line. Revolving means that, while the credit line remains in force, receivables in excess of the line will succeed amounts within the line which are paid by the debtor or the Import Factor or credited to the debtor. The succession of such receivables shall take place in the order in which they are due for payment and shall be limited at any time to the amount then so paid or credited. Where 2 or more receivables are due for payment on the same date then their succession shall take place in accordance with the order of their respective invoice numbers.

（vii）All approvals are given on the basis that each account receivable is in conformity with the terms of payment （with a permissible occasional variation of 100% or 45 days whichever period is shorter） contained in the pertinent information upon which such approval was granted. However, no such variation, which extends the credit beyond any credit period specified as a maximum by the Import Factor in the approval, shall be permitted.

（viii）The approval shall be given in the same currency as the request. However, the credit line covers receivables represented by invoices expressed not only in that currency, but also in other currencies; but in all cases the risk to the Import Factor shall not at any time exceed the amount of the original approval.

（ix）There shall be only one credit line for each supplier on each debtor and any new credit line shall cancel and replace all previous credit lines for the same supplier on the same debtor in whatever currency denominated.

（x）If it is known to the Import Factor that it is the practice of the debtor to prohibit assignments of receivables owing by him then the Import Factor shall so inform the Export Factor in giving his approval or as soon as it is known to the Import Factor if later.

[N.B.: Paragraphs（iv）（v）and（vi）amended October 2007. Paragraphs（i）（v）and（vii）amended September 2008. Paragraph（v）amended June 2009, June 2010 and again June 2012.]

Article 18 Reduction or cancellation

（i）For good reason the Import Factor shall have the right to reduce or cancel the individual order approval or the credit line. Such cancellation or reduction must take place in writing or by telephone（to be confirmed in writing). Upon receipt of such notice of cancellation or reduction the Export Factor shall immediately notify the supplier and such cancellation or reduction shall be effective as to shipments made and/or services performed after the supplier's receipt of such notice. On or after the sending of any such notice of cancellation or reduction to the Export Factor, the Import Factor shall have the right to send such notice also direct to the supplier, but he shall inform the Export Factor of such an action.

The Export Factor shall cooperate, and shall ensure that the supplier shall cooperate, with the Import Factor to stop any goods in transit and thus minimise the Import Factor's loss. The Export Factor undertakes to give the Import Factor all assistance possible in such circumstances.

(ii) On the effective date of the termination of the contract between supplier and Export Factor all order approvals and credit lines are immediately cancelled without notice, but shall remain valid for any receivable relating to a shipment made and services performed before the date of termination provided that the receivable is assigned to the Import Factor within 30 days of that date.

(iii) When the cancellation of the credit line is effective or the credit line has expired then:

(a) the right of succession ceases and thereafter, except as provided in sub-paragraphs (b) and (c) of this paragraph, any payment or credit (other than a payment or credit in connection with a transaction excluded in Article 3 or transactions otherwise excluded before the first assignment of a receivable in respect to that debtor) may be applied by the Import Factor in satisfaction of approved receivables in priority to unapproved receivables;

(b) if any such credit relates to an unapproved receivable and the Export Factor establishes to the satisfaction of the Import Factor that the credit arose solely from the failure to ship or a stoppage in transit, the credit shall be applied to such unapproved receivable; and

(c) any monies subsequently received by the Import Factor resulting from a general distribution from the estate of the debtor in respect of receivables assigned by the Export Factor shall be shared between the Import Factor and the Export Factor in proportion to their respective interests in the amount owing by the debtor as at the date of the distribution.

[N.B.:Paragraph （iii）（b）and（c）amended June 2003. Paragraph （ii）amended June 2006. Paragraphs（i）and（ii）amended October 2007 and again September 2008 and again June 2009. Paragraph（iii）（a）and（c） amended June 2012.]

Article 19 Obligation of Export Factor to assign

（i）Subject to the provisions of paragraph （ii） and （iii） of this Article the Export Factor may, but is not obliged to, offer to the Import Factor all receivables, owing by debtors in any one country and relating to one supplier, which have been assigned to the Export Factor.

（ii）The Export Factor shall inform the Import Factor whether or not the Export Factor's agreement is to include the whole turnover on credit terms to the debtor's country.

（iii）When the Import Factor has approved a credit line on a debtor and a receivable owing by that debtor has been assigned to the Import Factor, then all subsequent receivables of that supplier in respect of that debtor must be assigned to the Import Factor, even when the receivables are only partly approved or not approved at all.

（iv）When the Import Factor decides to cancel a credit line, the obligation for the Export Factor continues to exist until all approved receivables have been paid or otherwise provided for; in other words, until the Import Factor is "out of risk". However, after cancellation of the contract between the Export Factor and the supplier, further assignments of receivables cannot be expected.

[N.B.: Paragraph （i） amended, old Paragraph （iii） deleted, Paragraphs （iv） &（v） become （iii） &（iv） June 2006. Paragraph （ii） amended October 2007.]

SECTION IV Collection of receivables

Article 20 Rights of the Import Factor

（i）If any cash, cheque, draft, note or other instrument in payment of any receivables assigned to the Import Factor is received by the Export

Factor or any of his suppliers, the Export Factor must immediately inform the Import Factor of such receipt. It shall be held in trust by the Export Factor or such supplier on behalf of the Import Factor and shall, if so requested by the Import Factor, be duly endorsed and delivered promptly to him.

(ii) If the sales contract contains a prohibition of assignment the Import Factor shall have the same rights as set forth in paragraph (ii) of Article 12 as agent for the Export Factor and/or the supplier.

(iii) If the Import Factor:

(a) is unable to obtain judgement in respect of any receivable assigned to him in the courts, any arbitration panel or other tribunal of competent jurisdiction of the debtor's country (collectively, a "Tribunal") by reason only of:

(1) clear and convincing language relating to jurisdiction or alternate dispute resolution in the contract of sale between the supplier and the debtor which gave rise to that receivable; or

(2) denial of jurisdiction to proceed in the debtor's country by any such Tribunal; and

(b) informs the Export Factor of that inability within 365 days of the due date of the invoice representing that receivable;then the Import Factor may immediately reassign that receivable and recover from the Export Factor any amount paid in respect of it under paragraph (ii) of Article 24.

(iv) If, within 3 years from the date of any reassignment referred to in paragraph (iii) of this article, the Export Factor or the supplier shall have obtained a judgement or award by any Tribunal in relation to the reassigned receivable against the debtor enforceable in the debtor's country, then, to the extent that the receivable had been approved, the Import Factor shall:

(a) accept an assignment of all the rights against the debtor under that judgement and again accept the receivable as approved; and

(b) make a Payment under Approval, as defined in Article 24 and hereinafter referred to as a PUA within 14 days of the date on which payment is to be made by the debtor according to the judgement provided that the assignment required under paragraph (iv) (a) of this Article has been made effectively by the Export Factor within that period.

All costs in relation to the obtaining of judgement under this Article shall be the responsibility of the Export Factor.

[N.B.: Old Paragraph (i) deleted June 2009. Paragraph (ii) became (iii) and amended June 2004 and June 2009. Paragraph (iv) added June 2009. Paragraph (iv) (b) amended June 2013.]

Article 21 Collection

(i) The responsibility for collection of all receivables assigned to the Import Factor rests with him and he shall use his best endeavours promptly to collect all such receivables whether approved or unapproved.

(ii) Except as provided in Article 27 when the total amount of receivables owing by a debtor at any one time is approved in part:

(a) the Import Factor shall be entitled to take legal proceedings for the recovery of all such receivables without obtaining the prior consent of the Export Factor but the Import Factor shall inform the Export Factor of such action;

(b) if the Export Factor notifies the Import Factor of his disagreement with such legal proceedings, which are then accordingly terminated, the Import Factor shall be entitled to reassign all receivables then owing by the debtor and to be reimbursed by the Export Factor with the amount of all costs and expenses incurred by the Import Factor in such proceedings and the provisions of paragraphs (ii) and (iii) of Article 15 will apply to that reassignment; and

(c) except as provided in paragraph (ii) (b) of this Article the costs and expenses of such legal proceedings shall be borne by the Import Factor and the Export Factor in proportion to the respective amounts of the approved and unapproved parts of the outstanding receivables.

Article 22 Unapproved receivables

(i) When all receivables owing by a debtor at any one time are wholly unapproved:

(a) the Import Factor shall obtain the consent of the Export Factor before incurring legal and other costs and expenses (other than the Import Factor's own and administrative costs and expenses) relating to their collection;

(b) such legal and other costs and expenses shall be the responsibility of the Export Factor and the Import Factor shall not be responsible for any loss and/or costs which are attributable to any delay in the giving of such consent by the Export Factor;

(c) If the Export Factor does not answer the Import Factor's request for consent within 30 days, the Import Factor is entitled to reassign the receivables then or any time thereafter;

(d) The Import Factor shall be entitled on demand to a deposit from the Export Factor to cover fully or partly the amount of the estimated costs to be incurred in the collection of such receivables.

SECTION V　Transfer of funds

Article 23　Transfer of payments

(i) When any payment is made by the debtor to the Import Factor in respect of any receivable assigned to him he shall pay in the currency of the invoice the equivalent of the net amount received in his bank to the Export Factor immediately after the value date or the date of the Import Factor's receipt of the bank's notification of the amount received whichever is later except to the extent of any previous PUA.

(ii) All payments, irrespective of the amount, shall be transferred daily via SWIFT or a similar system.

(iii) Not later than the day of the transfer the Import Factor shall provide a report showing the allocation of the amount transferred.

(iv) The Export Factor shall repay to the Import Factor on his demand:

(a) any payment made by him to the Export Factor if the debtor's payment to the Import Factor was made by a payment instrument subsequently dishonoured (cheque or equivalent) provided that:

(1) the Import Factor notified the Export Factor of this possibility with the payment advice (payment under reserve); and

(2) as to approved receivables, the Import Factor's demand has been made within 10 banking days in the Import Factor's country from the date of his transfer of the funds to the Export Factor; or

(3) such dishonour was the result of a stopped payment order issued by

the debtor owing to a dispute raised later than the issuance of the payment instrument, in which case the procedures and time limits are as provided in Article 27 and for that purpose the payment by the Import Factor to the Export Factor shall be treated as if it were a PUA (as defined in Article 24 (ii) hereof).

(4) repayments demanded by the Import Factor will not affect his other obligations;

(b) without any time limit, any payment made by the Import Factor to the Export Factor in respect of any unapproved receivable or unapproved part of a receivable to the extent that payment by the debtor or any guarantor of the receivable is subsequently recalled under the law of the country of the payer and such recall is either paid or settled by the Import Factor provided that any such settlement is effected in good faith.

[N.B.: Paragraph (iv) (a) adjusted and Paragraph (iv) (b) added October 2002. Paragraph (iv) (a) adjusted again October 2007. Paragraphs (i) and (iv) (a) (3) adjusted again June 2013. Paragraph (iv) (a) (2) adjusted June 2018.]

Article 24 Payment under Approval

Except as provided in Articles 25, 27 or 32:

(i) the Import Factor shall bear the risk of loss arising from the failure of the debtor to pay in full any approved receivable on the due date in accordance with the terms of the relevant contract of sale or service; and

(ii) to the extent that any such receivable shall not be paid by or on behalf of the debtor by the 90th day after the due date as described above, the Import Factor shall on such 90th day make a Payment under Approval to the Export Factor; described herein as PUA.

(iii) For the purpose of paragraphs (i) and (ii) of this Article, payment by the debtor shall mean payment to any one of the Import Factor, the Export Factor, the supplier or the supplier's insolvent estate.

(iv) In the event of payment to the supplier or the supplier's insolvent estate the Import Factor shall co-operate with and assist in the debtor's country the Export Factor to mitigate any potential or actual loss to the Export Factor.

(v) If an approved receivable is expressed in a currency other than that of the corresponding credit line, in order to determine the approved amount that receivable shall be converted to the currency of the credit line at the rate of exchange (mid rate) quoted by XE.com (and used in edifactoring.com) at the date on which the PUA is due. In all cases the risk of the Import Factor shall not exceed at any time the amount of the original approval.

[N.B.: Heading and Paragraph (v) adjusted September 2008. Heading and paragraphs (ii) and (v) adjusted June 2013. Heading adjusted June 2019.]

Article 25 Prohibitions against assignments

(i) In respect of any approved receivable arising from a contract of sale or for services which includes a prohibition of its assignment the Import Factor's obligation for a PUA shall arise on the official insolvency of the debtor or when the debtor makes a general declaration or admission of his insolvency, but, in any event, not earlier than the 90th day after the due date as described in paragraph (i) of Article 24.

(ii) After any PUA in respect of any receivable referred to in paragraph (i) of this article the Import Factor shall have the sole right to claim in the insolvent estate of the debtor in the name of the supplier.

(iii) The Export Factor shall obtain from the supplier and deliver to the Import Factor any document that may be required by him for the purpose of making any claim as described in paragraph (ii) of this Article.

(iv) The provisions of this article shall apply, in spite of anything to the contrary elsewhere in these rules.

[N.B.: Paragraph (iv) added June 2003. Paragraph (i) amended June 2004. Paragraphs (i) and (ii) amended June 2013.]

Article 26 Late payments

(i) If the Import Factor or the Export Factor fails to make payment of any amount when it is due to be paid to the other he shall pay interest to that other.

(ii) Except as provided in paragraph (iii) of this Article, if the Import Factor does not initiate a payment to the Export Factor according to the requirements of Article 23 or Article 24, the Import Factor shall:

(a) be liable to pay to the Export Factor interest calculated for each day from the date on which such payment shall be due until actual payment at twice the 3-months-LIBOR or 3-months-LIBOR plus five percent, whichever is greater as quoted on such due date in the relevant currency, provided that the aggregated accrued amount of interest exceeds EUR 50; and

(b) reimburse the Export Factor with the equivalent of any currency exchange loss suffered by him and caused by the delay in payment.

If there shall be no LIBOR quotation for the relevant currency, twice the lowest lending rate for such currency available to the Export Factor on such date shall apply.

(iii) If as a result of circumstances beyond his control the Import Factor is unable to make any such payment when due:

(a) he shall give immediate notice of that fact to the Export Factor;

(b) he shall pay to the Export Factor interest at a rate equivalent to the lowest lending offer rate available to the Export Factor in the relevant currency calculated for each day from the day when his payment shall be due until actual payment, provided the aggregated accrued amount of interest exceeds EUR 50.

(iv) Any late payment by the Export Factor to the Import Factor will be subject to the provisions of paragraph (ii) and (iii) of this article.

[N.B.: Paragraph (iv) added October 2007. Paragraph (ii) (a) amended June 2017.]

SECTION VI Disputes

Article 27 Disputes

(i) A dispute occurs whenever a debtor fails to accept the goods or the invoice or raises a defence, counterclaim or set-off including (but not limited to) any defence arising from a claim to the proceeds of the receivable by any third party. However, where there is a conflict between the provisions of this Article and those of Article 25 the latter shall prevail.

(ii) Upon being notified of a dispute the Import Factor or the Export Factor shall immediately send to the other a dispute notice containing all details and information known to him regarding the receivable and the nature of such dispute. In either case the Export Factor shall provide the Import Factor with further information regarding the dispute within 60 days of the receipt by the Export Factor or his sending it as the case may be.

(iii) Upon receipt of such dispute notice the approval of that receivable shall be deemed to be suspended.

If a dispute is raised by the debtor and the dispute notice is received within 90 days after the due date of the receivable to which the dispute relates, the Import Factor shall not be required to make PUA of the amount withheld by the debtor by reason of such dispute.

If a dispute is raised by the debtor and the dispute notice is received after PUA, but within 180 days of the due date of the receivable, the Import Factor shall be entitled to reimbursement of the amount withheld by the debtor by reason of such dispute.

(iv) (a) The Export Factor shall be responsible for the settlement of the dispute and shall act continuously to ensure that it is settled as quickly as possible. The Import Factor shall co-operate with and assist the Export Factor, if so required, in the settlement of the dispute including the taking of legal proceedings.

(b) If the Import Factor declines to take such proceedings or if the Export Factor requires a reassignment of the disputed receivables so that proceedings may be taken in his or the supplier's name, then, in either case, the Export Factor is entitled to such reassignment.

(c) Whether or not any such reassignment has been made the Import Factor shall again accept as approved, within the time limits specified in paragraph (v) of this Article, such disputed receivable to the extent that the dispute is settled in favour of the supplier (including an admission by the person responsible for the administration of the debtor's insolvent estate) provided that:

(1) the Export Factor has complied with his obligations under paragraph (iv) (a) of this Article;

(2) the Import Factor has been kept fully informed about the status of negotiations or proceedings at regular intervals; and

(3) the settlement provides for payment by the debtor to be made within 30 days of the date of the settlement, if amicable, or the date of

the coming into effect of the judgement in the case of a legal settlement, provided, however, that such 30 day period shall not apply in the case of the admission of the debt by the person responsible for the administration of the debtor's insolvent estate.

(d) For the purpose of this Article, "legal settlement" means a dispute settled by way of a decision of a court or other tribunal of competent jurisdiction (which, for the avoidance of doubt, shall include arbitration) provided such legal proceedings have been formally commenced by proper service of legal process or demand for arbitration prior to the term set for an amicable settlement; and "amicable settlement" means any settlement which is not a legal settlement.

(v) The time limits referred to in paragraph (iv) (c) above, for the Import Factor to accept again as approved a disputed receivable, are as follows:

(a) in the case of an amicable settlement, 180 days; and

(b) in the case of a legal settlement, 3 years;

in each case after the receipt of the dispute notice in accordance with paragraph (ii) of this Article. If, however, during such periods, the debtor becomes officially insolvent or makes a general declaration or admission of his insolvency, the Import Factor shall remain at risk until the dispute has been settled.

(vi) In the case of a disputed receivable which the Import Factor has accepted again as approved in accordance with paragraph (iv) of this Article:

(a) if the receivable has been reassigned to the Export Factor the Import Factor shall have the right to an immediate assignment to him of all the Export Factor's or (as the case may be) the supplier's rights under the settlement;

(b) in every such case any PUA, which is to be made in accordance with Article 24, shall be made within 14 days of the date on which payment is to be made by the debtor according to the settlement provided that:

(1) any assignment required by the Import Factor under paragraph (vi) (a) of this Article has been made effectively by the Export Factor within that period; and

(2) the end of that period of 14 days is later than the original due date for the PUA.

(vii) If the Export Factor does not comply with all his obligations under this Article and such non-compliance substantially affects the risk position of the Import Factor, then the Import Factor shall have the right to reassign to the Export Factor the disputed receivable and the Export Factor shall promptly reimburse the Import Factor with the amount of the PUA; such payment shall include interest from date of PUA to date of reimbursement as calculated in accordance with paragraph (iii) (b) of Article 26.

(viii) If the dispute is resolved in full in favour of the supplier, all related costs shall be the responsibility of the Import Factor. In all other cases the costs will be the responsibility of the Export Factor.

[N.B.: Paragraph (iv) (b) amended June 2004. Paragraph (iv) (c) (3) amended June 2009. Paragraph (vii) amended June 2010. Paragraphs (iii) (vi) (b) and (vii) amended June 2013.]

SECTION VII Representations, warranties and undertakings

Article 28 Representations, warranties and undertakings

(i) The Export Factor warrants and represents for himself and on behalf of his supplier:

(a) that each receivable represents an actual and bona fide sale and shipment of goods or provision of service made in the regular course of business and in conformity with the description of the supplier's business and terms of payment;

(b) that the debtor is liable for the payment of the amount stated in each invoice in accordance with the terms without defence or claim;

(c) that the original invoice bears notice that the receivable to which it relates has been assigned and is payable only to the Import Factor as its owner or that such notice has been given otherwise in writing before the due date of the receivable, any such notice of assignment being in the form prescribed by the Import Factor.

(d) that each one at the time of his assignment has the unconditional right to assign and transfer all rights and interest in and title to each receivable (including any interest and other costs relating to it which are

recoverable from the debtor) free from claims of third parties;
(e) that he is factoring all the receivables arising from sales as defined in Article 3 of any one supplier to any one debtor for which the Import Factor has given approval; and
(f) that all such duties, forwarder's fees, storage and shipping charges and insurance and other expenses as are the responsibility of the supplier under the contract of sale or service have been fully discharged.
(ii) The Export Factor undertakes for himself and on behalf of his supplier:
(a) that he will inform the Import Factor of any payment received by the supplier or the Export Factor concerning any assigned receivable; and
(b) that as long as the Import Factor is on risk the Export Factor will inform the Import Factor in general or, if requested, in detail about any excluded transactions as defined in Article 3.
(iii) In addition to the provisions of Article 32, in the event of a breach of the warranty given in paragraph (i) (e) or the undertaking given in paragraph (ii) (b) of this Article the Import Factor shall be entitled to recover from the Export Factor
(a) the commission and/or charges as agreed for that supplier on the receivables withheld, and
(b) compensation for other damages, if any.

SECTION VIII Miscellaneous

Article 29 Communication and electronic data interchange (EDI)

(i) Any written message as well as any document referred to in these Rules, which has an equivalent in the current EDI Standard can or, if so required by the Constitution and/or the Rules between the Members whenever either of them is applicable, must be replaced by the appropriate EDI-message.
(ii) The use of EDI is governed by the edifactoring.com Rules.
(iii) The originator of a communication shall assume full responsibility for the damages and losses, if any, caused to the receiver by any errors and/or omissions in such communication.
(iv) Neither the Export Factor nor the Import Factor shall disclose

any confidential information given to them to any third party without the written consent of the other unless required by law.
[N.B.: Paragraph（iv）added June 2013.]

Article 30　Accounts and reports

（i）The Import Factor is responsible for keeping detailed and correct debtor ledgers and for keeping the Export Factor informed about the accounts showing on such ledgers.
（ii）The Export Factor shall be entitled to rely upon all information and reports submitted by the Import Factor provided that such reliance is reasonable and in good faith.
（iii）If for any valid reason the Import Factor or the Export Factor will not be able to make use of the EDI then the Import Factor shall account and report at least once a month to the Export Factor with respect to all transactions and each such monthly account and report shall be deemed approved and accepted by the Export Factor except to the extent that written exceptions are taken by the Export Factor within 14 days of his receipt of such account and report.

Article 31　Indemnification

（i）In rendering his services, the Import Factor shall have no responsibility whatsoever to the Export Factor's suppliers.
（ii）The Export Factor shall indemnify the Import Factor and hold him harmless against all suits, claims, losses or other demands which may be made or asserted against the Import Factor:
（a）by any such supplier by reason of an action that the Import Factor may take or fail to take; and/or
（b）by any debtor in relation to the goods and/or services, the invoices or the underlying contracts of such supplier;
provided that in either case the Import Factor's performance in his action or failure to act is reasonable and in good faith.
（iii）The Import Factor shall indemnify the Export Factor against any losses, costs, interest or expenses suffered or incurred by the Export Factor by reason of any failure of the Import Factor to comply with his obligations or warranties under these Rules. The burden of proof of any

such loss, costs, interest or expense lies with the Export Factor.

(iv) Each of the Export Factor and the Import Factor shall reimburse the other for all losses, costs, damages, interest, and expenses (including legal fees) suffered or incurred by that other by reason of any of the matters for which the indemnities are given in paragraphs (ii) and (iii) of this Article.

[N.B.: Paragraph (iii) amended September 2008.]

Article 32 Breaches of provisions of these Rules

(i) A substantial breach must be asserted within 365 days after the due date of the receivable to which it relates.

(ii) If the Export Factor has substantially breached any provision of these Rules, the Import Factor shall not be required to make PUA to the extent that the breach has seriously affected the Import Factor to his detriment in his appraisal of the credit risk and/or his ability to collect any receivable. The burden of proof lies with the Import Factor. If the Import Factor has made PUA the Import Factor shall be entitled to reimbursement of the amount paid, provided the Import Factor has established his right to reimbursement, to the satisfaction of the Export Factor, within 3 years from the date of assertion of the breach.

(iii) A substantial breach of paragraphs (i) (a) and (b) of Article 28 that results only from a dispute shall not be subject to the provisions of this Article and shall be covered by the provisions of paragraphs (i) to (viii) of Article 27.

(iv) The Export Factor shall promptly reimburse the Import Factor under this Article; such payment shall include interest from date of PUA to date of reimbursement as calculated in accordance with Article 26 (ii).

(v) The provisions of this Article are additional to and not in substitution for any other provisions of these Articles.

[N.B.: Paragraph (iii) becomes (i) with the other paragraphs to follow chronologically June 2009. Paragraph (ii) amended June 2010. Paragraphs (ii) and (iv) amended June 2013.]

附录八 2013—2019 年全球保理业务量

单位：百万欧元

国家和地区	2013 年	2014 年	2015 年	2016 年	2017 年	2018 年	2019 年	变化
亚美尼亚	62	70	75	100	120	135	150	11.1%
奥地利	14 110	16 400	18 264	19 621	21 091	24 107	27 220	12.9%
阿塞拜疆	—	—	—	13	56	65	112	72%
白俄罗斯	—	—	320	330	250	380	570	50.0%
比利时	47 684	55 374	61 169	62 846	69 641	76 340	84 819	11.1%
波黑	—	—	—	—	—	—	91	100.0%
保加利亚	1 600	1 728	1 820	1 947	2 919	3 211	3 532	10%
克罗地亚	3 146	2 498	2 885	2 825	1 340	1 094	1 140	4.2%
塞浦路斯	2 823	2 671	2 414	2 925	2 830	3 585	3 181	-11.3%
捷克	5 302	5 912	5 064	4 848	6 121	6 778	7 240	6.8%
丹麦	8 932	10 463	12 606	13 237	14 948	18 637	18 838	1.1%
爱沙尼亚	1 899	2 010	2 010	2 495	2 495	3 600	3 900	8.3%
芬兰	17 699	20 554	23 095	22 000	24 000	25 800	28 000	8.5%
法国	200 459	226 598	248 193	268 160	290 803	320 409	349 714	9.1%
格鲁吉亚	0	5	14	14	25	28	137	398.2%
德国	171 290	189 880	209 001	216 878	232 431	244 300	275 491	12.8%
希腊	12 094	13 017	12 869	12 782	13 151	14 635	15 045	2.8%
匈牙利	2 661	2 827	3 779	3 635	5 730	6 911	8 550	23.7%
爱尔兰	21 206	25 476	25 978	23 952	26 294	26 294	28 617	8.8%
意大利	178 002	183 004	190 488	208 642	228 421	247 430	263 364	6.4%
拉脱维亚	592	680	867	867	720	784	805	2.7%
立陶宛	2 763	5 550	3 150	3 100	3 000	3 660	3 400	-7.1%
卢森堡	407	339	339	339	339	339	339	0.0%
马耳他	178	296	275	275	350	554	696	25.6%
摩尔多瓦	—	13	17	17	3	4	5	25.0%
荷兰	52 000	53 378	65 698	82 848	89 713	98 368	112 148	14.0%
挪威	16 296	17 182	18 476	21 867	22 682	25 923	26 441	2.0%
波兰	31 588	33 497	35 020	39 396	44 300	56 474	66 141	17.1%

续表

国家和地区	2013 年	2014 年	2015 年	2016 年	2017 年	2018 年	2019 年	变化
葡萄牙	22 303	21 404	22 921	24 517	27 008	31 757	33 800	6.4%
罗马尼亚	2 713	2 700	3 651	4 037	4 560	5 007	4 854	–3.1%
俄罗斯	41 960	29 170	23 332	28 004	33 792	43 840	45 125	2.9%
塞尔维亚	679	306	445	555	603	650	883	35.8%
斯洛伐克	1 068	1 036	1 036	1 646	1 646	2 521	2 032	–19.4%
斯洛文尼亚	626	563	329	1 000	1 200	1 400	2 000	42.9%
西班牙	116 546	112 976	115 220	130 656	146 292	166 391	185 559	11.5%
瑞典	30 544	28 290	26 078	20 481	20 094	19 822	20 625	4.1%
瑞士	3 100	3 832	3 832	3 832	3 832	593	593	0.0%
土耳其	32 036	41 229	39 310	35 085	34 575	26 894	21 857	–18.7%
乌克兰	1 340	1 035	442	295	295	295	258	–12.5%
英国	308 096	350 622	376 571	326 878	324 260	320 193	328 966	2.7%
欧洲合计	1 353 742	1 462 510	1 556 977	1 592 988	1 701 939	1 829 143	1 976 239	8.0%
以色列	1 060	3 000	2 108	3 080	3 295	2 665	2 734	2.6%
黎巴嫩	352	416	508	610	662	675	675	0.0%
阿曼	—	—	—	—	—	—	93	100%
阿联酋	3 500	5 020	5 350	3 831	4 000	5 500	6 435	17.0%
中东合计	5 000	8 498	8 028	7 583	8 019	8 840	9 937	12.4%
加拿大	5 680	5 831	5 530	5 609	5 392	2 280	2 985	30.9%
美国	83 739	97 670	95 000	89 463	87 000	87 821	83 757	–4.6%
北美合计	89 419	103 501	100 530	95 072	92 392	90 101	86 742	–3.7%
阿根廷	856	1 299	1 551	1 891	2 282	3 064	4 133	34.9%
巴西	31 552	31 782	28 965	45 379	50 432	47 281	46 711	–1.2%
智利	25 500	24 850	22 300	25 050	22 756	26 500	33 600	26.8%
哥伦比亚	7 076	8 985	10 333	7 630	7 655	7 142	7 667	7.4%
多米尼加	—	—	—	—	144	302	337	11.6%
危地马拉	—	—	—	—	—	282	300	6.4%
洪都拉斯	—	—	22	27	27	67	75	11.9%
墨西哥	28 061	25 486	19 291	22 510	23 314	24 477	25 200	3.0%
秘鲁	8 163	8 293	1 475	1 550	10 105	12 023	13 905	15.7%

续表

国家和地区	2013 年	2014 年	2015 年	2016 年	2017 年	2018 年	2019 年	变化
乌拉圭	58	70	90	84	98	110	103	-6.4%
南美合计	101 412	103 124	86 826	104 396	117 088	121 248	132 031	8.9%
埃及	450	435	537	550	418	517	589	13.9%
毛里求斯	145	206	235	256	208	227	230	1.3%
摩洛哥	2 755	4 200	2 708	2 708	3 374	2 532	2 532	0.0%
南非	19 400	15 898	14 672	16 291	17 117	18 582	20 873	12.3%
突尼斯	373	355	354	373	339	316	338	7.0%
非洲合计	23 123	21 094	18 721	20 393	21 671	22 174	24 562	10.8%
澳大利亚	40 206	42 290	41 761	47 658	47 658	54 330	54 330	0.0%
中国	378 128	406 102	352 879	301 635	405 537	411 573	403 504	-2.0%
香港	32 250	30 800	33 425	42 676	46 945	53 500	48 150	-10.0%
印度	5 240	4 340	3 700	3 881	4 269	4 532	5 089	12.3%
印度尼西亚	819	810	682	682	682	0	458	100.0%
日本	77 255	51 072	54 184	49 466	37 284	49 348	49 446	0.2%
韩国	12 343	12 713	13 094	14 142	13 094	25 645	26 927	5.0%
马来西亚	1 782	1 782	330	1 527	1 650	4 459	4 459	0.0%
新西兰	—	—	—	—	—	—	35	100.0%
新加坡	9 970	37 840	38 900	40 500	44 000	44 000	39 600	-10.0%
斯里兰卡	—	38	116	116	116	0	200	100.0%
台湾	73 000	56 680	52 693	47 189	49 548	41 198	48 419	17.5%
泰国	3 348	4 144	4 414	5 300	5 600	5 877	5 877	0.0%
越南	100	100	335	658	700	1 100	1 100	0.0%
亚太合计	634 441	648 716	596 633	555 550	657 189	695 562	687 594	-1.1%
全球	2 208 372	2 347 513	2 367 790	2 375 967	2 598 298	2 767 068	2 917 105	5.4%